정재승 글

KAIST에서 물리학으로 학사, 석사, 박사 학위를 받았습니다. 예일대학교 의과대학 정신과 박사후 연구원, 고려대학교 물리학과 연구교수, 컬럼비아대학교 의과대학 정신과 조교수를 거쳐, KAIST 뇌인지과학과 교수와 융합인재학부 학부장을 맡고 있습니다. 주된 연구 주제는 의사 결정의 신경 과학, 뇌-로봇 인터페이스, 정신 질환의 대뇌 모델링, 대뇌 기반 인공 지능이며, 다보스 포럼 '2009 차세대 글로벌 리더', '대한민국 근정포장'을 수상했습니다. 저서로 《정재승의 과학 콘서트》(2001), 《열두 발자국》(2018) 등이 있습니다.

차유진 글

과거 엄청난 사건으로 엉망이 되어 버린 아우레를 어떻게 하면 멋진 행성으로 되돌릴 수 있을까, 매일 고민하는 걱정쟁이 소설가. 계원예술대학교와 한국콘텐츠진흥원 등에서 스토리 작법을 가르쳤고, 〈레너드 요원의 미스터리 보고서〉 시리즈를 기획했습니다. 〈애슬론 또봇〉, 〈정글에서 살아남기〉, 〈엉뚱발랄 콩순이와 친구들〉 등 다수의 TV 애니메이션 시나리오를 쓴 건 비밀 아님. 《알렉산드로스, 미지의 실크로드를 가다》(2012), 《우리 반 다빈치》(2020) 등 여러 권의 책을 펴냈습니다.

김현민 그림

일찍이 유럽으로 시장을 넓힌 대한민국의 만화가. 대학에서 산업디자인을 전공한 뒤 어릴 때 꿈을 찾아 만화가가 되었습니다. 프랑스 앙굴렘 도서전에 출품한 것을 계기로 프랑스 출판사에서 《Archibald 아치볼드》라는 모험 만화를 만들고 있습니다. 인간이 아닌 괴물이나 신기한 캐릭터 등 상상력을 발휘할 수 있는 그림을 좋아합니다. 지구와 아우레를 오가며 재미있는 그림을 그리느라 몸은 지구에서 벗어날 수 없지만, 머릿속은 항상 우주의 여행자가 되고 싶은 히치하이커.

백두성 감수

고려대학교에서 지질학으로 학사, 고생물학으로 석사 학위를 받고 박사 과정을 수료했습니다. 2003년 서대문자연사박물관 건립부터 학예사로 활동하였고, 2013년부터는 전시교육팀장으로 지질 분야 전시 및 교육, 광물과 화석에 대한 기획전을 개최했습니다. 도서관 과학 강연 "10월의 하늘"과 어린이책 감수를 통해 대중에게 과학을 알려 왔습니다. 노원천문우주과학관 관장으로 우주를 연구하다, 현재는 기업 그래디언트에서 인공 지능을 이용해 과학을 쉽게 전달할 플랫폼을 개발하고 있습니다.

어린이를 위한 호모 사피엔스 뇌과학

9 농사로 세상을 바꾼 호미닌

글 **차유진 정재승** | 그림 **김현민** | 감수 **백두성**

아울북

펴내는 글

《인류 탐험 보고서》를 시작하며

시간 여행으로 지구의 과거들을 넘나들며 좌충우돌 탐험하는 라후드와 라세티의 매력 속으로

《정재승의 인간 탐구 보고서》, 재미있게 읽고 있나요? 아우레 행성에서 온 아우린들과 함께, 우리 '인간'들을 잘 관찰하고 있지요? 외계인의 눈으로 인간을 탐구하는 세상의 모든 독자 여러분들께 머리 숙여 진심으로 감사드립니다. 꾸벅.

많은 독자들이《인간 탐구 보고서》를 읽고 또 즐겨 주시면서 라후드의 인기가 점점 치솟고 있습니다. 아우레 행성의 외계문명탐험가 라후드는 볼수록 매력적입니다. 빨리 걷는 건 너무 싫어하고요, 그냥 가만히 앉아서 생각하는 것을 훨씬 더 좋아하죠. '인간들은 참 이상하다'고 투덜거리면서도, 항상 인간에 대한 호기심으로 가득 차 있고 심지어 인간들을 점점 닮아갑니다. 이미 입맛은 거의 지구인일걸요! 게다가 매사 합리적인 아우린이지만, 점점 감정적인 인간들에게 조금씩 끌리는 것도 같습니다. 이 덩치 큰 허당 외계인 라후드는 인간을 관찰하면서 인간들을 더 깊이 이해하고 결국 사랑하게 되지 않을까 조심스럽게 기대하게 되는, 정이 가는 외계인입니다.

라후드의 조상을 만나다

그래서 저희가 라후드를 사랑하는 독자분들을 위해 '선물'을 드리는 마음으로《인류 탐험 보고서》를 출간하게 됐습니다. 아우레 행성의 탐험가들은 어떻게 해서 우리 곁에 오게 됐는지 그 과거로의 여행을 보여 드리고자 합니다. 원래 아우레는 인공 항성을 만들어 에너지를 얻고 공간을 관통하는 웜홀도 자유자재로 생성해 내어 다른 은하계까지 마음대로 여행할 수 있을 만큼 놀라운 문명을 가지고 있었거든요. 그런데 지구에서 데려온 생명체 '쿠'라는 녀석 때문에 한순간 아우레 행성은 멸망의 위기에 빠지고 말죠. 결국 아우레를 구하기 위해 라후드의 조상 라세티는 300만 년 전 지구로 떠나게 됩니다.

수만 년 전 혹은 수백만 년 전, 지구는 어떤 모습이었을까요? 그 속에서 인류의 조상들은 어떻게 살고 있었을까요? 외계인들도 신기하지만 그 시기의 인간 조상들도 매우 낯설게 느껴지겠지요?《인류 탐험 보고서》에서는 원시적인 인류의 조상 호미닌들을 만난 최첨단 시간여행 탐험가 아우린들의 흥미로운 모험담이 펼쳐집니다.

뇌과학에서 생물인류학으로

《인간 탐구 보고서》에서 아우레 탐사대와 함께 지구인들을 관찰하면서 뇌과학의 정수를 맛보고 계신 독자분들께 이번에는 '생물인류학'을, 좀 더 정확하게 말하자면 '고고신경생물인류학'이라는 학문을 소개하려고 합니다. 라후드의 조상 라세티가 우주선을 타고 시간 여행을 하면서 지구에서 만나게 되는 건 지금의 우리가 아니라 우리의 조상들이니까요.

  이 책에선 라후드의 조상만이 아니라 우리의 조상들이 등장합니다. 지금의 인간이 아닌, 수만, 수십만, 수백만 년 전의 호미닌(Hominin, 현생인류 혹은 현생인류와 가까운 근연종들을 일컫는 말)은 어떤 뇌를 가지고 있었으며, 어떻게 진화해 지구에 생존하게 됐는지 뇌과학적이면서도 인류학적인 관점에서 보여 드릴 겁니다. 또 신경생물학적인 원리들을 이용해서 인류의 과거를 머릿속으로 '상상'해 내는 과정을 여러분들에게 직접 보여 드릴 거예요. '고고신경생물인류학'이라니, 이름만 들어도 무지 어렵고 복잡하고 무시무시해 보이지만, 실제로 이 학문을 통해서 우리는 수만 년 전의 인간이 어떻게 살았는지에 대해 흥미로운 답을 찾아낼 수 있습니다.

역사를 좋아하는 어린이들과 청소년들에게 상상력을!

  《인류 탐험 보고서》는 뇌과학을 좋아하는 어린이들만이 아니라 역사를 좋아하는 청소년들까지도 즐길 수 있는 책일 거라 확신합니다. 역사는 인문학이고 과학과는 상당히 멀게 느껴지지만, 사실 역사야말로 굉장히 과학적인 학문이에요. 역사적인 사료나 그 시기의 작은 단서들만으로 인류 조상들이 수만 년 전에 어떻게 살았는지 머릿속으로 상상하고 역사적인 사실을 복원해 내거든요. 그러기 위해서는 그 시절에 사용했던 그릇 하나로 그 시대 사람들의 일상을 추적하는 과학적인 사고가 매우 필요합니다. 그래서 저는 '생물인류학'이야말로 그 어떤 학문들보다도 근사한 과학이라고 생각합니다. 여러분들이 이 책을 통해 그 과학의 정수를 맛보았으면 좋겠습니다.

 이 책에 등장하거나 묘사되는 인류 조상들의 모습은 우리가 정답처럼 받아들여야 하는 절대적인 사실 혹은 진리가 아닙니다. 현재 남아 있는 뼛조각, 두개골의 모양, 그리고 그들이 남겨 놓은 유적과 유물, 이런 작은 단서만으로 "그 당시 인류는 이렇게 살았을 것이다."라고 추측한 것일 뿐입니다. 잘못된 부분이 있다면 여러분들이 고쳐 주세요. 오늘날의 과학 수사대가 사건 현장의 단서만으로 범인을 추적하는 것처럼, 여러분들 모두가 생물인류학 '탐정'이 돼서 과거 조상들을 머릿속으로 그려 보고 중요한 단서들을 해석해 주세요. 저는 그 상상력의 힘이 여러분들을 훌륭한 과학자의 길로 인도하리라 믿습니다.

우리는 어디서 왔을까? 우리 문명은 어떻게 가능했을까?

 최근에 뇌과학자들은 우리 인간들과 다른 유인원들 사이의 흥미로운 차이점을 발견했습니다. 우선 놀랍게도, 두세 살 정도의 어린 시절에 우리 인간들은 대형 유인원들, 그러니까 오랑우탄이나 침팬지, 고릴라 같은 존재들과 지능적으로는 별로 차이가 없다는 것입니다. 그들도 우리 못지않게 지능적으로 발달해 있고, 우리만큼 여러 가지 지적인 행동들을 한다고 합니다.

그렇다면 어떻게 우리는 이렇게 거대한 지적 문명을 이루고 복잡한 현대사회를 만들어 냈을까요? 또 호모 네안데르탈렌시스나 호모 에렉투스, 호모 하빌리스 같은 우리의 가까운 친척들은 왜 지금까지 생존하지 못하고 모두 멸종했을까요?

이 질문에 단서를 찾기 위해서는 과거 호모 사피엔스들의 뇌가 대형 유인원들과 무엇이 달랐고, 또 이미 멸종한 다른 호미닌들과는 무엇이 달랐는지를 찾아봐야겠죠. 흥미로운 것은 우리가 그들보다 뇌의 크기가 커서 이렇게 근사한 문명을 만들어 낸 줄 알았는데, 사실 뇌의 크기는 중요한 게 아니었다는 겁니다. 오히려 서로 흉내 내고 함께 도와주면서 사회적으로 학습하는 능력, 그러니까 내가 알고 있는 걸 친구들에게 가르쳐 주고, 내가 모르는 걸 친구들로부터 배우면서 같이 협력하는 것이 약하디약한 인간이 이 위대한 문명을 만드는 데 아주 결정적인 기여를 했다는 걸 과학자들이 조금씩 알게 됐습니다.

저는 이런 인류의 진화 과정을 어린이들과 청소년들에게 가르쳐 주고 싶었어요. 인류에게 지난 수십만 년 동안 벌어져 온 일들이 지금도 여러분들의 뇌에서 벌어지고 있다는 걸 일러 주고 싶었어요. 그렇게 친구들끼리 서로 돕고 함께 학습하는 능력이 우리 호모 사피엔스의 위대함이라는 사실을요!

생물인류학으로 다시 만든 과거 속으로!

《인간 탐구 보고서》가 현재 우리의 모습을 이해하기 위해 뇌과학과 심리학의 입장에서 우리의 현재 모습을 낯설게 관찰하기를 시도했다면, 《인류 탐험 보고서》에선 여러 유인원들 중에서 오직 호미닌만이, 그중에서도 호모 사피엔스만이 고도의 문명을 이루게 된 배경을 외계인의 시선으로 다시 한번 들여다볼 예정입니다.

아주 낯선 인류 조상과 친숙하면서도 낯선 외계인들의 만남이 만들어 낼 좌충우돌 이야기 속에서 우리의 과거를 흥미롭게 만나 보시길 기대합니다. 사랑스런 라후드의 조상이 시간을 거슬러 탐험하는 과정에서 여러분도 인류의 과거를 발견하고 탐험하게 될 것입니다.

저는《인류 탐험 보고서》에서 세상의 모든 어린이들과 청소년들이 '보이지 않는 과거를 과학적으로 상상하는 능력'을 가졌으면 좋겠습니다. 그것이 우리 삶을 더욱 풍성하게 해 줄 것입니다. 138억 년 동안 진화해 온 우주 속에서 100년 남짓 살아가는 작은 생명체 지구인들이 누릴 수 있는 가장 고상한 경험은 '수십만 년 동안 살아온 인류의 과거를 생생하게 상상하는 경험'일 테니까요.

자, 함께 탐험을 떠나 보자구요!

정재승 (KAIST 뇌인지과학과+융합인재학부 교수)

차례

프롤로그 14
운명의 갈림길

에필로그 126
드디어 나타난 풍야쿵의 우주선

야무의 탐사 일지 136
아홉 번째 보고서, 5천 년 전 지구에서 조우하다

🔥 1화 죽음의 소용돌이 ················· 20

🔥 2화 오싹한 동물 농장 ················ 36

🔥 3화 탐사대의 깜짝 변신 ············· 50

🔥 4화 지구 생활 집중 탐구 ············ 68

🔥 5화 특명! 야무를 구출하라 ········· 90

🔥 6화 모르붑의 무시무시한 판결 ····· 110

아주 평범한 야무의 일기
~~위대한 라세리의 모험~~

by 야무 — 내가 누구게?

모두 안녕? 내 이름은 야무라고 해.
지극히 평범한 도시에 사는 아주 평범한 아이지.

그런데 오늘, 전혀 평범하지 않은 일이 일어났어.
잠시 놀러 갔다가 집에 돌아와 보니
우리 집에 웬 낯선 사람들이 있는 거야!

삼촌 손님들이라는데… 하는 행동이 영 수상쩍은 것이
딱 보니 사기꾼 도둑 같더라니까.
그래서 내가 옆에 붙어서 감시해 보니,
아리옹이 어쩌고 쿠우가 저쩌고, 요상한 소리만 해 대던걸.

처음엔 도통 믿음이 안 갔는데, 이제는 호기심이 생겼어.

내가 만난 이들이 누구냐면 말이야….

이 사람은 **캔세티**.
내가 최고로 의심하고 있는 인물이야.
왜냐하면 캔세티는 목소리가 두 개거든!
혼자 질문하고 혼자 답하고, 참 이상하다니까.
게다가 음식을 먹고 있는 와중에도
배에서는 꼬르륵 소리가 끊이질 않더라고.
마치 머리와 몸통이 따로인 것처럼 말이지.
정말 수상하지 않아?

우리 집을 찾아온 손님 중엔 **쿠슬미**라는
자도 있었어.
처음 보는 내 앞에서 계속 소리 지르고 울고
웃어 대던 캔세티랑은 다르게 금세 차분한 얼굴로
돌아온 걸 보면, 더 점잖은 성격인가 봐.
그렇다고 해서 수상하지 않은 건 아니지만.
대접해 주려고 기껏 내준 음식들을 우습게 봤다가
크게 골탕 먹었는데, 얼마나 웃겼는지 몰라!

내 삼촌 **합수스**는 도시의 제일가는 기술자야! 영감이 떠오르기만 하면 뚝딱! 기발한 발명품이 탄생하지. 도시 전체에서 삼촌의 손길이 닿지 않은 곳은 한 군데도 없을걸? 물건을 잘 잃어버리는 게 유일한 흠인데, 이번엔 그것 때문에 정말 큰일이 날 뻔했어!

이 도시의 지도자 **모르붑**이야. 언제든 마음대로 고기를 먹고, 무엇이든 마음대로 명령할 수 있는 권력의 소유자지. 그러니 너희도 조심하는 게 좋을걸? 모르붑의 심기를 거슬렀다간 어떤 무시무시한 벌을 받게 될지 알 수 없거든.

시장에서 소문을 하나 들었는데, 얼굴도 목소리도 알 수 없는 비밀스러운 **서기관**이 나타났대. 초특급 승진으로 모르붑의 오른팔이 됐다나? 누군진 몰라도 대단한 사람인가 봐. 그나저나… 아까부터 누군가 몰래 따라오는 것 같은 이 느낌은 그냥 착각이겠지?

그러니까 어떻게 된 일이냐면,
오늘 아침은 유독 날씨가 좋았는데….

프롤로그

운명의 갈림길

1화

죽음의 소용돌이

쏴아아아아…….

강 끝에서 탐사대를 맞이한 것은 쏟아지는 장대비였다. 통구이가 될 정도로 덥던 날씨가 이렇게 180도 달라지다니. 그리 멀지도 않은 두 지역의 날씨가 이렇게 차이 나는 게 놀라울 따름이었다.

불어난 강물은 아우리온을 집어삼킬 듯 세찬 물살을 일으키다 절벽 아래로 떨어져 산산이 부서졌다. 아우리온은 절벽 위에 바로 착륙했다. 더 안전한 곳까지 가고 싶어도 그럴 연료가 없었다. 착륙과 동시에 아우리온의 모든 전력이 차단됐다.

"불이 왜 꺼지지? 또 고장 난 거야?"

당황해하는 탐사대에게 빠다가 설명해 주었다.

"그건 아니다. 아우레로 돌아갈 연료를 지키기 위해 아우리온 스스로 시스템을 꺼 버린 거야."

아우리온은 우주 어디로 가든지 딱 아우레로 돌아갈 수 있을 만큼의 연료만 남으면 즉각 시스템을 멈추도록 설계되어 있었다. 탑승자가 우주에서 조난되지 않고 안전하게 돌아올 수 있도록 안전장치를 해 둔 것이다.

"여기서 결판을 낼 수밖에 없다는 거네."

"맞아. 이제 우리 선택지는 쿠를 찾아서 영웅이 되어 돌아가느냐, 아니면 아무것도 못 찾고 빈손으로 돌아가느냐뿐이야!"

아우린들이 어둑한 아우리온 안에서 손을 한데 모았다.

"이번이 정말 마지막이야. 우리, 최선을 다하자!"

탐사대는 각자 역할을 나누었다. 라세티와 캔, 쿠슬미, 말더가 마을에서 쿠를 찾고, 빠다는 아우레로 돌아갈 때 문제가 생기지 않도록 아우리온에 남아 시스템을 정비하기로 했다.
말더가 앞장섰다.

강물 흐르는 소리가 천둥 소리만큼이나 요란했다. 쿠슬미가 고개를 빼꼼 내밀고 절벽 아래를 내려다보던 중 그만 오라클을 매단 끈이 끊어지며……!

"안 돼! 오라클이!"

오라클은 순식간에 강물에 휩쓸려 떠내려갔다.

쿠슬미가 강으로 뛰어들려 하자, 말더가 붙잡았다.

"야! 어쩌려고!"

"이거 놔! 오라클을 건져 내야지!"

쿠슬미가 소리쳤다.

"저기에 뛰어들겠다고? 제정신이야? 저 물살에 휩쓸리면 넌 흔적도 없이 사라질걸!"

그 말이 옳았다. 물과 친하고 수영을 즐기는 쿠슬미에게도, 모든 걸 집어삼킬 것처럼 거친 소리를 내며 흐르는 강물은 쳐다보는 것만으로 오금이 저릴 정도였다.

"하지만 오라클이 없으면 아우레로 돌아갈 수 없잖아!"

쿠슬미가 발을 동동 굴렀다.

"일단 쫓아가자! 한 번쯤은 물살에 떠밀려 강변 쪽으로 올 거야! 그때 건지면 돼!"

탐사대는 물길을 따라 달렸다. 질척거리는 진흙탕이 된 길을 달리다가 미끄러지고 넘어졌지만 계속 달렸다. 오라클은 거센 물살에 휩쓸려 물속으로 사라졌다가 나타나기를 반복하면서 빠른 속도로 멀어져 갔다.

'이익……! 나도 잡고 싶다고!'

조금만 용기를 내어 손을 뻗으면 오라클을 잡을 것 같았지만, 물에 젖는 걸 죽기보다 싫어하는 캔은 물이 닿을락 말락 한 순간마다 손을 움츠렸다. 자칫하면 나사 사이사이가 축축하게…… 으으! 캔이 제일 피하고 싶어 하는 상황이었다.

지켜보는 아우린들은 답답하기만 했다.

"캔! 손을 쑥 넣으라니까!"

결국 쿠슬미의 불호령에 캔이 눈을 질끈 감고 팔을 쑥 집어넣어 가까스로 오라클을 잡는 데 성공했다. 하지만…….

"야! 그건 우리 거라고!"

캔이 도둑의 꼬리를 확 붙잡았다. 깜짝 놀란 녀석이 오라클을 퉤 뱉어 냈지만, 무서워서 눈을 꼭 감은 캔은 그 상황을 보지 못하고 녀석의 꼬리에 매달린 채 강물 속으로 끌려 들어가고 말았다.

오라클 도둑은 캔을 떼어 내려 아주 빠른 속도로 강 속을 헤집었다.

꼬르르르륵! 꼬르르르륵!

캔의 몸에서 공기 방울이 뽀글뽀글 피어올랐다. 캔은 숨이 막혀 정신이 아득해지는 와중에도 녀석을 놓치지 않으려 안간힘을 썼지만, 결국에는 손에 힘이 빠지며 수면 위로 떠올랐다.

"푸핫! 켁, 켁! 캔 살려! 난 수영 못 해!"

물에 젖은 캔은 속절없이 떠밀려 갔다. 이제 탐사대는 오라클이 아니라 캔을 건져 내야 했다.

"캔! 이쪽으로 조금만 더 와 봐!"

캔은 죽을 둥 살 둥 팔을 휘저었지만, 간신히 강변에 닿으려 하면 물살에 휘말려 다시 밀려나기 일쑤였다. 설상가상 몸이 점점 무거워져서 움직이기도 힘들어졌다.

라세티가 어디선가 커다란 통나무를 주워 왔다.

"캔! 이걸 붙잡아!"

라세티는 호기롭게 말해 놓고 혹시 잘못 던져 캔이 맞고 기절이라도 할까 봐 전전긍긍하며 주저했다.

라세티가 주저하던 그때였다.

풍덩!

누군가가 세찬 강물에 뛰어드는 소리가 들렸다. 쿠슬미였다.

쿠슬미는 거친 물살을 유연하고 날렵하게 헤엄쳐 나가더니 촉수를 뻗어 캔을 감싸안았다.

"그러게 빨리 해치웠어야지. 뭉그적대니까 한낱 지구 생명체한테 오라클을 뺏긴 거 아니야."

말더가 축축하게 젖은 캔에게 핀잔을 주었다.

"야, 말더! 넌 내가 중요하냐, 오라클이 중요하냐?! 내가 일부러 오라클을 놓쳤어? 저렇게 커다란 생명체가 달려들 거라고 상상이나 했겠냐고! 에취!"

캔은 진심으로 서운한 표정이 되어 콧물까지 줄줄 흘리면서 억울함을 호소했다.

말더가 말없이 주머니에서 무언가 꺼내 내밀었다. 아우린이라면 누구나 아는 알약 '콤콤200'이었다. 만병통치약으로 소문이 나서 다른 행성에서도 얻으러 찾아올 정도로 유명한 약이었다.

"앗, 이게 어디서 났어?"

"그거 먹고 엄살 그만 떨라고! 내가 아플 때 먹으려고 챙겨 둔 건데. 하여간 도움이 안 된다니까."

'자식, 은근히 자상하네~.'

매번 투덜거리면서도 속정 깊은 말더의 행동에 캔의 마음이 스르르 녹아내렸다.

물에 빠진 캔을 구한 건 다행이었지만, 문제는 오라클이 사라져 버렸다는 사실이었다. 쿠슬미가 낙담한 표정을 지었다.

"나 같은 아우린은 선장 자격도 없어……. 오라클을 또 잃어버리다니……."

긍정 대왕 라세티가 쿠슬미를 다독였다.

"쿠슬미, 너무 걱정하지 마. 찾을 수 있을 거야."

말더도 한마디 얹었다.

"적어도 오라클이 강물을 따라가고 있다는 건 알잖아. 바다로 흘러가기 전에만 찾으면 문제없어. 그리고 하류 쪽에는 사랑엔스 마을도 있었고. 어쩌면 그곳에 사는 사랑엔스 중 하나가 오라클을 발견해 낼지도 모르지. 아무튼, 아직 희망을 놓진 말자."

그제야 쿠슬미의 얼굴이 한결 밝아졌다.

"고마워, 다들."

그때였다. 부스럭 소리와 함께 풀숲 사이로 열 명이 넘는 사랑엔스들이 나타났다. 똑같은 옷을 입었고 머리 모양도 똑같았다. 그중 한 명의 차림새만 조금 달랐는데, 얼굴이 그림자에 가려져 표정이 잘 보이지 않았다.

제일 먼저 환호한 건 라세티였다.

"야호, 사랑엔스들이다! 마침 잘 왔어! 역시 우주의 기운이 우리를 도와주고 있는 게 분명하다니까. 이 지역에서 해결해야 하는 일이니, 이곳 사랑엔스들이 우리보다 방법을 더 잘 알 거야. 내가 또 두 발 생명체들과는 금세 친해지잖아. 쿠슬미, 걱정하지 마. 저 친구들한테 오라클을 봤냐고 물어볼게, 헤헤."

라세티가 호들갑을 떨며 사랑엔스들 쪽으로 다가갔다.

33

말더가 라세티를 다급하게 말렸다.

"분위기 좀 읽어라. 지금 쟤네가 너랑 친구 되러 온 것 같아? 표정이 심상치 않다고."

정말로 라세티가 환한 미소를 지으며 다가가려는데도 사랑엔스들의 표정은 좀처럼 변화가 없었다. 아주 공격적인 것은 아니지만, 그렇다고 친밀한 느낌도 아니었다.

그러나 라세티는 대수롭지 않게 생각했다.

"괜찮다니까. 처음엔 좀 서먹해해도 나랑 우주의 기운에 대해 몇 마디 나누고 나면 모두 내 편이 되었잖아!"

라세티가 사랑엔스들에게 다가가 반갑게 말을 걸었다.

"얘들아, 안녕! 나는 라세티라고 해. 마침 너희 마을에 가려고 했거든. 우리는 우주가 이어 준 운명이랄까? 헤헤. 그나저나 너희, 오는 길에 물에 둥둥 떠다니는 네모난 물건 못 봤어? 우리한테 아주아주 소중한 건데."

사랑엔스들은 라세티의 말을 깡그리 무시했다. 탐사대를 한참 요리조리 뜯어보고는 대답 대신 알 수 없는 소리만 했다. 이상하게 탐사대는 그들이 하는 말을 한 단어도 알아들을 수가 없었다.

"응? 뭐라고? 얘들 왜 괴상한 소리를 내지?"

"그러게?"

오싹한 동물 농장

탐사대는 포로 신세가 되어 사랑엔스들을 따라갔다.

사랑엔스들의 표정은 여전히 사납게 굳어 있었다. 딱딱한 분위기 탓에 말 한마디 쉽게 꺼낼 수 없었다.

쿠슬미, 말더, 캔이 속닥거렸다.

"우릴 어디로 데려가려는 거지?"

"한 가지는 확실해. 분명 좋은 곳은 아닐 거야."

"살려 달라고 빌어 볼까?"

라세티도 속으론 겁났지만 일부러 더 쾌활하게 말했다.

"걱정하지 말래도. 지금까지 만난 두 발 생명체들은 저마다 개성이 달랐잖아. 발랄한 애들도 있었고, 진지한 애들도 있었

고, 창의적인 애들도 있었어. 얘네는 그중에서도 과묵한 사랑엔스인 거야. 말수가 적은 건 부끄러움을 많이 타서일 거고! 이런 애들이 또 마음이 따뜻한 거 알지? 도착하면 이미 누군가 오라클을 건져 두었을지도 몰라. 그럼 말이 통할 테니, 한결 수월할 거야."

어느덧 탐사대와 사랑엔스들이 마을에 들어섰다.

아니, 그곳은 마을이라기보다 도시에 가까웠다. 골목에는 네모반듯한 집들이 빈틈없이 늘어서 있었고, 잘 가꿔진 큰 광장도 있었다. 여기저기 짐을 한가득 실은 수레가 건물들 사이를 가로지르는 인공 수로를 넘어 다녔다.

루시를 만났을 때부터 지금의 이 시대까지, 수백만 년에 걸쳐 지구 두 발 생명체들을 지켜본 라세티는 만날 때마다 눈에 띄게 달라져 있는 그들의 삶이 신기하고 대단하게 느껴졌다.

라세티가 무슨 말을 하든 사랑엔스들에겐 그저 알아들을 수 없는 울부짖음으로 들릴 뿐이었다. 그들은 빨리 걷기나 하라는 듯 창으로 라세티를 위협하거나 라세티가 이해하지 못하는 소리를 요란하게 내뱉었다.

얼마 지나지 않아 너른 공터가 눈앞에 나타났다.

둥근 나무 울타리 안에 동물들이 갇혀 있었고, 그중 한 울타리는 비어 있었다. 사랑엔스들이 탐사대를 그쪽으로 살살 몰아갔다. 표정을 보니 울타리 안으로 들어가라는 뜻 같았다.

"알겠어, 들어가면 되잖아!"

탐사대는 뾰족한 창에 찔릴세라 얼른 울타리 안에 들어섰다.

꿀꿀, 음메, 꼬끼오!

탐사대가 등장하자 사방에서 지구 동물들이 소리를 냈다.

"냄새는 둘째 치고 이건 너무 시끄럽잖아! 우린 꽤 예민한 아우린이라고!"

"저기, 좀 더 깨끗한 방은 없어?"

하지만 아무리 떼를 써 봐도 소용없었다. 이미 사랑엔스들은 떠난 뒤였으니까. 탐사대는 자포자기한 심정으로 자리에 털썩 주저앉았다.

"그나저나 사랑엔스들이 이렇게 많은 동물을 데리고 있는 건 처음 보네. 지구 동물들은 원래 자유롭게 사는 생명체들 아니었어?"

"음, 사냥해 온 건 아닐까?"

"이렇게나 많이? 게다가 사냥했다면 동물들이 살아 있지 않았겠지."

"그럼 얘들도 야생 동물이 아니라 '마을 동물'이 된 건가? 만다르의 조상들이 야생 늑대를 마을 늑대로 길들였던 것처럼 말이야."

"흠, 글쎄……."

그 의문은 잠시 뒤 해결되었다. 한 무리의 사랑엔스들이 오더니 각자 맡은 동물들 앞으로 가 작업을 시작했다.

충격적인 장면을 고스란히 지켜본 탐사대는 돌처럼 굳었다.

"서, 설마 우리도 저렇게 되는 건…… 아니겠지?"

캔이 불안한 표정을 지으며 말했다.

"에이…… 그런 거 아니라니까……."

라세티가 캔을 안심시켰다. 하지만 그렇게 말하면서도 자꾸 머릿속에 무서운 그림이 그려졌다. 사랑엔스들의 식탁에 올라간 탐사대의 모습이……. 라세티 등줄기에 소름이 오소소 돋았다. 라세티뿐만 아니라 탐사대 모두 비슷한 생각을 했지만, 누구도 섣불리 그런 말을 꺼내지 않았다.

각자의 상상에 빠져 덜덜 떨고 있던 탐사대가 정신이 든 건, 눈에 띄는 사랑엔스의 등장 때문이었다. 유난히 차림새가 화려해서 멀리서도 눈에 확 들어왔다.

장신구로 치장한 사랑엔스가 우리 안의 네발 생명체들을 천천히 둘러보았다. 그의 말 한마디에 동물 몇 마리가 더 끌려 나갔다.

다음으로 그의 시선이 탐사대에게 꽂혔다.

사랑엔스들이 모두 자리를 뜨고서야 라세티는 안도의 한숨을 쉬었다.

"휴, 다행이야. 그냥 가는 걸 보니 역시 우릴 잡아먹을 건 아니었나 봐."

그런데 캔의 얼굴은 사색이 되어 있었다.

"그, 그거였어. 잡아먹……는 거……."

라세티가 서둘러 말을 고쳤다.

"아니, 내 말은 그게 아니라! 우리가 묵을 방을 치우고 있으니 잠시만 기다려 달라고 말한 것 같다는 거야~!"

그러나 캔은 오히려 더 난리를 쳤다.

"이 바보야! 아까 쟤들 표정 못 봤어?"

"왜? 어땠는데?"

"저 녀석들, 분명 우릴 잡아먹을 속셈이라고! 우리가 처음 보는 동물이라 철저히 준비하려고 시간이 걸리는 걸 거야!"

캔 말대로 아우린들은 모두 직감했다. 이곳에 갇혀 있다간 언젠가 사랑엔스들의 밥상에 오르게 될 거라는 걸. 내일이 될 수도 있고, 어쩌면 당장 오늘 저녁이 될 수도 있었다. 라세티도 그걸 알면서 일부러 모른 체하고 싶었을 뿐이었다.

"이제 어쩌지? 탈출할까?"

아우린들에게 이 허술한 나무 울타리를 빠져나가는 건 일도 아니었다. 문제는 울타리를 지키고 있는 문지기 사랑엔스였다. 문지기는 도망치는 네발 생명체가 없는지 눈에 불을 켜고 지켜보고 있었다.

살금살금 다가가 문지기를 살피고 온 라세티가 말했다.

"저 사랑엔스가 있는 이상 탈출은 힘들어. 저 녀석이 자리를 비우거나 한눈팔 때까지만 얌전히 있자."

탐사대는 이러고 있는 사이에 쿠도 오라클도 영영 찾을 수 없게 될까 봐 초조했지만, 꾹 참고 적당한 때를 기다렸다.

시간이 흘러 어느새 날이 저물고 어둠이 내려앉았다. 밤이 되자 드디어 문지기 사랑엔스가 고개를 떨구고 꾸벅꾸벅 졸기 시작했다.

"지금이야!"

무사히 빠져나온 탐사대는 어느 후미진 골목에 숨었다.

"그런데…… 우리 어디로 가야 해?"

그물처럼 이어진 복잡한 골목에 비슷하게 생긴 건물들이 줄지어 있어서 길을 구분할 수가 없었다. 탐사대는 갈팡질팡했다. 아까 어떻게 왔더라? 이 길인가? 저 길인가?

쿠슬미가 말했다.

"길을 찾아 헤매다가 오히려 더 위험해질지도 몰라. 오늘 밤은 이 근처에 숨어 있다가, 날이 밝으면 움직이자."

"어디에 숨자는 거야?"

몸을 숨길 수풀이라도 있으면 좋으련만, 주변엔 온통 단색 건물들뿐이었다.

"얘들아, 저긴 어때?"

둘러보던 라세티가 한곳을 가리켰다. 버려진 듯 허름한 건물이었다. 문짝은 뜯겨 있었고 지붕도 없다시피 했다. 이런 곳이라면 아무도 찾지 않을 것 같았다.

건물 안은 엉망인 겉모습과 달리 꽤 아늑했다. 푹신한 지푸라기도 많았다.

"여기에 있다가 해가 뜨면 곧장 강으로 가 보자. 오라클을 찾아야지. 하, 오늘은 정말이지 너무 피곤해……."

탐사대는 그렇게 기절하듯 잠에 빠졌다.

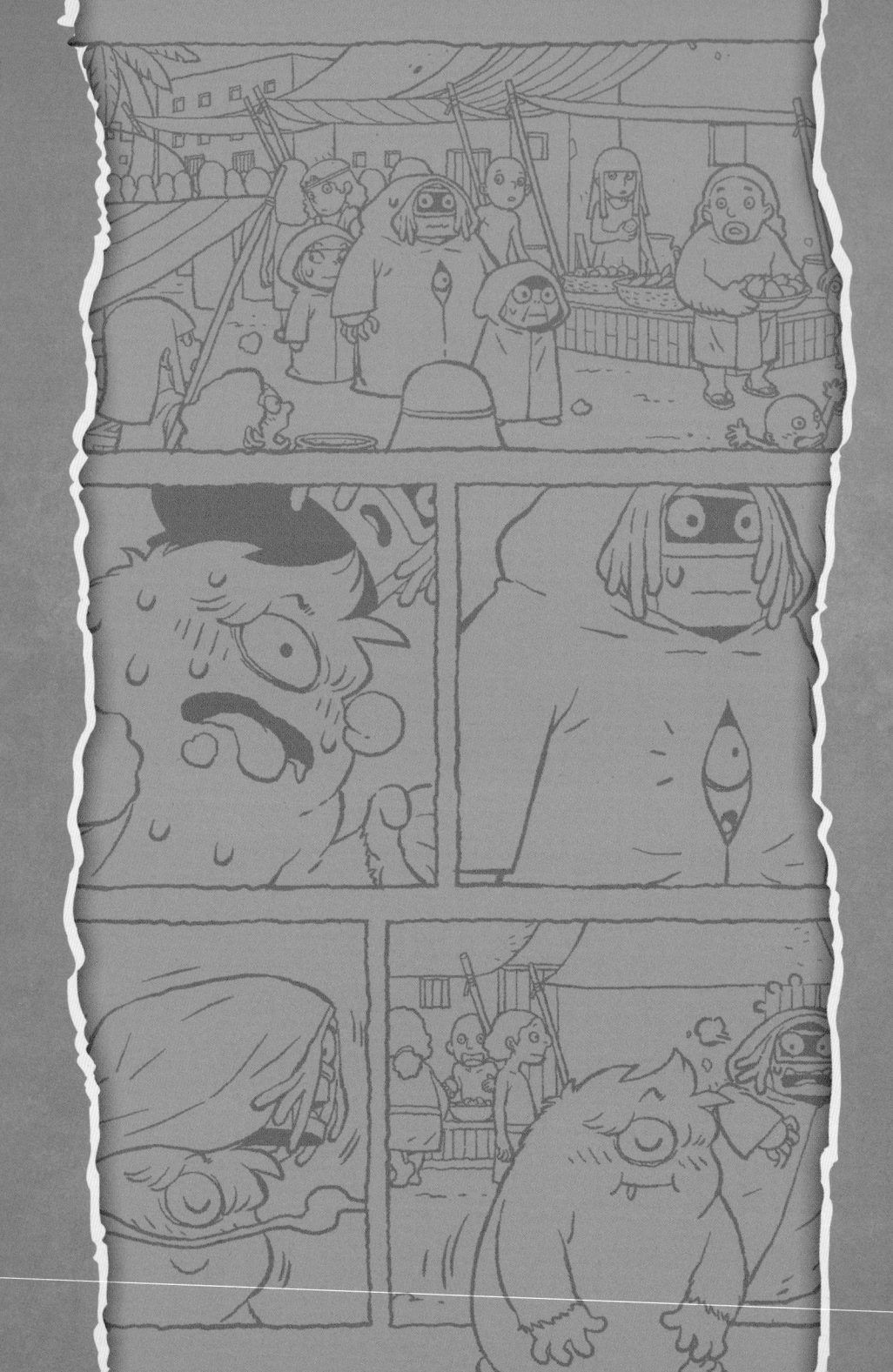

3화

탐사대의 깜짝 변신

말더가 눈을 번쩍 떴다.

"뭐야? 왜 이렇게 밝아? 으아악, 해가!"

새벽에 일찌감치 일어나 움직이기로 했던 계획이 무색하게, 탐사대가 깨어났을 때는 이미 해가 중천이었다. 그것도 골목에 사랑엔스들이 가장 북적거리는 대낮! 창밖에서 들려오는 시끌벅적한 소리가 탐사대의 계획이 단단히 틀어졌음을 말해 주었다.

"끄악! 어떡해! 이제 무슨 수로 탈출하냐고!"

"다시 밤이 될 때까지 기다려야 하나?"

벌써 하루를 허무하게 보낸 탐사대에게 더 기다릴 시간은 없었다.

그럼 이대로 정면 돌파……?

응?

폐허 안에는 버려진 잡동사니가 한가득 널려 있었다. 말더가 그중에서도 특히 쓸모없어 보이는, 먼지가 잔뜩 묻은 가발과 구멍 난 천, 갈색 가루가 담긴 포대를 집어 들었다.

"그걸로 뭘 하려고?"

말더는 대답 대신 얼굴에 온통 갈색 가루를 묻힌 뒤 모자를 뒤집어썼다.

"어때? 사랑엔스 같지 않아?"

"우아!"

아우린들의 눈에는 완벽한 변장이었다. 자세히 들여다보지만 않는다면 외계인이라고 의심받지 않을 것 같았다.

나머지 대원들도 얼른 사랑엔스처럼 모습을 꾸몄다.

"우하하, 좋았어! 이제 아무도 우릴 아우린이라고 생각하지 못할 거야. 어서 나가자!"

"잠깐!"

길거리로 나서려던 이들을 말더가 다급하게 불러 세웠다.

"비상 대책을 정하고 움직이자. 기억할 건 딱 두 가지야. 첫째, 무조건 쿠와 오라클을 찾는다. 둘째, 혹시라도 흩어지면 아우리온이 있는 곳에서 다시 모인다."

"쿠와 오라클은 무조건, 헤어지면 아우리온으로! 알겠어!"

탐사대는 완벽한 변장을 방패 삼아 사랑엔스들이 바글거리는 골목으로 뛰어들었다. 하지만 예상과 달리 탐사대가 골목에 들어서자마자 사랑엔스들의 시선이 탐사대를 향했다.

"이상하다? 아우린 머리카락이라도 보이나?"

이상하다고 생각하는 건 사랑엔스들도 마찬가지였다.

'저 녀석들, 차림새도 생긴 것도 미심쩍네. 신고할까……?'

사랑엔스들의 이런 생각을 알 길 없는 탐사대는 따끔따끔한 눈총을 피해 고개를 푹 숙이고 발길을 재촉했다.

강렬하게 내리쬐는 뜨거운 햇빛도 버거운데 두꺼운 천까지 뒤집어쓰고 있자니 죽을 맛이었다. 특히 라세티는 머리 위에서 뜨겁게 달궈져 가는 캔의 금속 몸 때문에 정신이 오락가락할 지경이었다.

한 몸인 척 연기하느라 진땀을 빼고 있는 캔과 라세티를 보고, 쿠슬미가 장난스럽게 말했다.

"몸이 하나가 되었으니 이름이라도 지어 줄까? 이름이 있으면 마음이 더 잘 맞을지도 모르잖아. 음…… 캔세티 어때?"

"나 참, 마음대로 해! 야, 라세티! 빨리 걸어!"

"헥헥. 덥다, 더워."

캔이 몸통을 맡은 라세티를 재촉했지만, 캔세티의 걸음은 좀처럼 빨라지지 않았다. 찜통처럼 덥고 앞도 제대로 보이지 않는 망토 속에 숨은 라세티로선 지금이 최고로 빠른 속력이었다. 그 와중에 서둘러 마을을 벗어나야만 한다는 조급한 생각에 발은 자꾸 꼬이기까지 했다.

그때 저쪽에서 누군가가 소리쳤다.

"**임시카!**"

병사였다. 손에 쥔 창끝은 탐사대를 향해 있었다.

오라클이 없으니 뭐라고 하는 건지 알아들을 순 없었지만, 뭔가 단단히 의심을 산 게 분명했다. 사랑엔스 행세를 완벽하게 해내고 있다고 생각했는데, 대체 뭐가 문제인 걸까?

게다가 그 병사의 외침을 듣고 모퉁이에서 다른 병사들까지 우르르 나타났다.

"이런, 뛰어!"

탐사대는 사랑엔스들을 따돌리기 위해 복잡한 골목을 요리조리 달렸지만, 추격자들은 끈질기게 따라붙었다.

다음 갈림길에서 라세티와 캔, 쿠슬미는 왼쪽 모퉁이를 돌았다. 말더는 따라가려다 순간 달리기를 멈추고 섰다.

"말더! 뭐 하는 거야! 이쪽이야! 얼른 오라니까!"

"너희 먼저 가! 난 저 녀석들을 좀 처리하고 갈게!"

그러고는 병사들에게 손을 흔들며 놀리듯 소리쳤다.

"이봐! 이쪽이야! 나 잡아 봐라!"

말더는 탐사대가 향한 골목의 반대쪽으로 사라졌다. 사랑엔스들이 말더의 도발을 알아들었을 리는 없었지만, 모두 말더를 쫓아 반대편으로 달렸다.

"우리 도망치라고 시간을 벌어 준 거야?"

"그런 것 같은데……."

말더가 보여 준 의리 있는 행동에 라세티와 캔은 코끝이 찡해졌다. 쿠슬미가 의젓하게 둘을 다독였다.

"얘들아, 오라클과 쿠를 반드시 찾는다! 헤어졌을 땐 무조건 아우리온이 있는 곳으로 돌아간다! 말더가 한 말 잊지 않았지? 말더는 아우리온으로 잘 돌아갈 거야."

라세티와 캔도 고개를 끄덕였다.

"그래, 말더를 믿자. 아우리온에서 만날 수 있겠지!"

"자, 자. 그러니까 우린 얼른 오라클을 찾아야 해. 다들 앉아 봐. 회의 좀 하자."

셋은 인적 드문 골목에 쪼그려 앉아 작전 회의를 시작했다.

"오라클이 어디까지 흘러갔을까?"

라세티가 기억을 되짚으며 말했다.

"아까 보니까 온갖 물건을 파는 시장이 있는 것 같았어."

"그러면 오라클도 누군가 주워서 팔고 있을지도 몰라. 라세티, 거기가 어디였어?"

"어디더라……?"

거미줄처럼 뻗은 갈림길을 몇 번이나 지나온 탐사대는 더 이상 자신들의 위치를 알지 못했다.

그때 캔이 어깨를 으쓱이며 나섰다.

"이 캔 님을 두고 그런 쓸데없는 소리를 하는 거야? 걱정 마셔! 이미 내가 길을 다 스캔해 뒀으니까!"

탐사대는 지구가 쩌렁쩌렁 울릴 정도로 비명을 질렀다. 단, 아무에게도 들키지 않도록 마음속으로만.

'이 녀석은 대체 누구야? 우리 얘기를 언제부터 들은 거야? 어디서 나타난 거야? 어떻게 이렇게 기척도 없이 다가왔지?'

수백 개의 물음표가 머릿속에 떠올랐지만, 가장 궁금한 건 따로 있었다.

"너…… 우리 말을 알아듣겠어?"

맙소사, 사랑엔스의 손에 들려 있던 것은 탐사대가 그토록 찾아 헤매던 오라클이었다!

"오라클이잖아! 그거 어디에서 났어?"

"이거? 강가에서 주웠지."

캔이 오라클을 향해 확 팔을 뻗었다.

"그거 우리 거야! 이리 내놔!"

그러나 사랑엔스가 오라클을 획 뒤로 숨기는 바람에 캔은 앞으로 고꾸라져 버렸다.

"이게 왜 자네들 건가? 주운 사람이 임자지. 반응을 보아 하니 값이 꽤 나가는 물건인가 보군? 이대로 팔아 버릴까?"

"그건 절대 안 돼!"

오라클을 순순히 내어 줄 것 같지 않은 이 사랑엔스를 어떻게 해야 할까? 탐사대는 고민했다.

마음만 먹으면 쿠슬미의 촉수로 사랑엔스를 칭칭 묶고, 캔의 따꼼레이저로 따끔한 맛을 보여 줄 수도 있었지만, 그런 소란을 일으켰다간 창을 든 사랑엔스들이 다시 나타날지도 몰랐다. 되도록 소동을 일으키지 않고 오라클을 돌려받아야 했다.

쿠슬미가 살살 설득했다.

"있지, 그거 우리한테 아주 중요한 물건이거든? 제발 주면 안 될까? 네가 원하는 게 있으면 우리도 꼭 들어줄게."

"내가 원하는 거?"

사랑엔스의 눈빛이 반짝였다. 그리고 잠시 고민하는가 싶더니, 한 가지 제안을 했다.

"좋아. 나도 아주 중~요한 할 일이 있네. 오늘까지 꼭 마쳐야 하는데, 그걸 도와주면 자네들 물건을 돌려주지."

선택의 여지가 없는 탐사대는 결국 그 제안을 받아들였다.

"좋아, 그럼 잘 부탁하네! 아, 내 이름은 합수스일세. 자네들은?"

"나는 쿠슬미라고 해."

"우리, 아니 나는 라…… 아니, 캔……이 아니라 캔세티야."

"안녕, 쿠슬미, 캔세티. 내가 할 일이 뭐냐 하면……."

"아, 안녕~."

합수스가 자신의 이야기를 털어놓았다. 합수스는 이 도시의 기술자인데, 도시로 강물을 끌어오는 수로 설계 일을 맡고 있었다. 수로는 온 도시에 물을 공급하는 아주 중요한 건축물이다. 그런데 하필이면 이번에 강물이 평소보다 더 많이 불어난 바람에 수로가 망가지고 말았다고 한다. 화가 머리끝까지 난 이 도시의 지도자는 합수스에게 망가진 수로보다 훨씬 튼튼하고 좋은 새 수로 설계도를 가지고 오라고 명령했다. 그리고 그 기한이 바로 내일 동틀 녘까지였다.

"새 수로를 설계하려면 원래 설계도가 필요하다네. 그래서 설계도가 그려진 파피루스를 받아 왔는데, 그걸 그만 길에 흘려 버렸지 뭔가……."

어깨를 축 늘어뜨린 합수스에게 캔이 물었다.

"파피루스? 그게 뭔데?"

그러자 합수스 얼굴에 갑자기 동정의 빛이 잔뜩 서렸다.

"파피루스를 몰라? 본 적 없나? 자네들, 뭔가 이상하다 했더니 계급이 아주아주 낮은가 보구먼? 파피루스는 중요한 내용을 적은 거야. 둘둘 말아서 보관하지."

합수스는 파피루스도 모르는 이들에게 손짓을 섞어 가며 친절히 설명해 주었다. 대충 내용을 들어 보니 서류나 책을 말하는 것 같았다. 그나저나 계급이 낮다는 건 또 무슨 뜻이지? 뭔진 몰라도 합수스의 표정으로 봤을 때, 기분이 그리 좋지만은 않은 말이었다.

합수스가 머리를 쥐어뜯으며 괴로워했다.

"그게 없으면 난 죽은 목숨이네. 모르붑이 날 가만히 두지 않을 거라고."

"대체 모르붑이 누구길래 그래?"

"모르붑은 우리 도시의 지도자일세. 이곳의 모든 땅과 양과 돼지의 주인이고 말이야. 당연히 이 도시에 사는 모든 주민들도 모르붑의 명령에 무조건 따라야 해."

도시에 사는 사랑엔스 전부가 한 명의 말을 무조건 따른다고? 지금껏 만난 사랑엔스들과 너무 다른 이야기가 아우린들은 도무지 이해되지 않았다.

"아무튼, 오늘 반드시 그 파피루스를 찾아야 한단 말이네. 그리고…… 음? 아니지……?"

합수스 얼굴에 갑자기 화색이 돌았다.

"꼭 예전 설계를 따를 필요는 없지! 그보다 훨씬 더 좋은 새 수로를 설계하면 되니까. 난 우리 도시 최고의 기술자인걸! 쿠슬미, 캔세티, 아까 그 지도 좀 빌리세. 우리 집으로 좀 따라오게!"

'합수스의 집? 배고팠는데 잘됐다! 먹을 것도 있겠지?'

하마터면 합수스 앞에서 캔세티가 또 두 몸으로 분리될 뻔했다. 즐거운 상상에 라세티가 폴짝 뛰려고 했기 때문이다.

합수스는 탐사대를 언덕 위에 있는, 진흙으로 지은 작은 집으로 안내했다. 집 주변에는 온갖 도구들이 너저분하게 널려 있었다. 사이를 비집고 집 안으로 들어가니, 이번엔 온통 두루마리들로 가득했다.

"윽! 합수스, 청소를 하긴 하는 거야?"

"파피루스들을 밟지 않도록 조심해."

이 두루마리들이 파피루스라는 물건인 듯했다. 그림들이 가득한 파피루스는 전부 합수스의 연구 자료였다.

"이 집에 혼자 살아?"

"아니, 조카랑 둘이 산다네. 형님이 오래전에 전염병으로 죽는 바람에 불쌍한 우리 야무가 혼자 남겨졌거든."

4화

지구 생활 집중 탐구

이 아이는 쿠가 틀림없었다. 꼬마가 오라클 가까이에 서자 오라클이 빛을 뿜어 쿠라는 사실을 확인시켜 주었으니까.

"진짜야! 진짜 쿠였어!"

"우리가 정말 성공한 거야?"

"으흐흑, 이제 고생도 끝이구나!"

아우린들은 기쁨을 주체하지 못하고 울다가 웃다가 이리 뛰고 저리 뛰며 감격스러워했다.

쿠슬미가 간신히 정신을 차렸다.

"잠깐만, 얘들아. '키벨레 엘리베이터를 탈 땐 버튼을 두 번 눌러라!'라는 속담도 있잖아. 확실한 것도 확인, 또 확인이 중요해. 저 애가 쿠가 맞는지 한 번만 더 확인해 보자."

탐사대 중 쿠의 얼굴을 정확히 아는 이는 빠다와 말더뿐이었다. 말더가 함께 있었다면 바로 확인해 줄 수 있었겠지만, 지금은 빠다에게 연락하는 수밖에 없었다. 그러나 아무리 신호를 보내도 빠다는 답이 없었다.

"관장님은 꼭 중요할 때 연락이 안 되신단 말이야. 빨리 확인하고 싶은데."

"일단 이 아이 얼굴을 찍어서 전송해 둘게. 관장님이 맞다고 하시면 그때 기뻐해도 늦지 않아."

한편 쿠, 아니 합수스의 조카 야무는 이상한 손님들 때문에 잔뜩 겁에 질려 있었다. 생전 처음 듣는 이름을 연신 외쳐 대며 자신을 보고 헤벌쭉 웃질 않나, 또 그러다가 눈물을 콸콸 쏟질 않나, 제정신이라고는 생각하기 힘들었다.

야무는 그들을 피해 합수스가 있는 작업실로 들어갔다.

파피루스 찾는 걸 포기한 합수스는 새 설계도 그리기에 열중하고 있었다.

야무가 삼촌 합수스 팔에 매달리며 말했다.

"삼촌, 삼촌! 저 사람들 뭐야? 누구야? 이상한 사람들 같아. 나가라고 해! 응? 나 무서워!"

합수스가 그런 야무를 타일렀다.

"야무, 손님들한테 그러면 못써! 그리고 삼촌은 지금 머릿속에 떠오른 기발한 설계도를 까먹기 전에 그대로 옮겨 그려야 한단다. 참! 그동안 네가 손님들 좀 대접해 주려무나. 먹을 것도 좀 내가고. 알겠지?"

아닌데…. 저 사람들 진짜 이상한데….

야무는 입술을 삐죽대면서도 순순히 방에서 나왔다. 합수스는 한번 일에 빠지면 아무도 말릴 수 없으니까.

괴짜 손님들은 한결 차분해진 모습으로 부엌에 앉아 있었다. 당장이라도 하늘을 날 것 같은, 웃고 싶어서 근질거리는 듯한 표정만은 아직도 숨기지 못하고 있었지만.

야무는 부엌 선반에서 꺼낸 무언가를 쿠슬미와 캔세티에게 내밀었다. 그리고 여전히 경계하는 눈초리로 짧게 말했다.

"드세요."

야무가 건넨 것은 도무지 음식같지 않았다. 둥그렇고 딱딱한 것이, 음식보다는 강변에서 본 돌에 가깝다고나 할까? 그동안 수많은 두 발 생명체를 만나 왔지만 돌을 먹는 이들은 본 적이 없었다. 게다가 함께 내온 음료에선 시큼한 냄새가 났다.

탐사대가 어이없는 웃음을 지었다.

"우리더러 이 갈색 돌을 먹으라고? 농담이지?"

"야무, 우리 지금 진짜 배고프거든. 고기는 없어?"

그러자 야무 눈이 휘둥그레졌다.

"우리가 고기를 어떻게 먹어요?"

고기를 어떻게 먹냐니, 이게 무슨 질문이람?

캔이 똑같이 눈을 동그랗게 뜨며 되물었다.

"무슨 소리야? 당연히 사냥해서 먹지. 울타리에도 동물들이 한가득이던데, 그중에 한 마리를 잡으면 안 돼?"

이번엔 야무 입이 떡 벌어졌다. 손까지 썰레썰레 저으면서 펄쩍 뛰었다.

"도시의 가축은 모두 모르붑의 것이라고요! 함부로 건드리면 안 돼요! 절대, 절대로요!"

탐사대는 야무의 이런 반응이 이해되지 않았다.

"아까 합수스도 모르붑 얘기를 하던데. 모르붑이 도시의 지도자라고 했던가? 도시 전체가 모르붑 명령을 따른다면서? 모르붑이 그렇게 무서워? 다 같은 지구의 두 발 생명체인데, 왜 개 말만 따르는 거야?"

"그야 여기선 모르붑의 신분이 가장 높으니까요."

왕
귀족, 사제
서기관, 군인
상인, 기술자
농민
노예

모르붑은 귀족, 우리는 기술자!

야무의 설명에 따르면, 이곳 사랑엔스들은 남들보다 더 많이 가지고, 더 많이 먹고, 더 많이 명령할 수 있는 이가 정해진 채로 태어난다. 그리고 모두가 그걸 당연하게 생각한다.

쿠슬미가 물었다.

"그럼 기술자로 태어나면 평생 왕이 될 수 없는 거야? 아무리 능력이 뛰어나도?"

야무는 아무렇지 않게 어깨를 으쓱였다.

"그럼요. 이곳에 있는 건 모두 모르붑 거예요. 노예가 일해서 번 돈도, 삼촌이 만든 발명품들도요. 농사지은 작물도 세금으로 내야 하죠."

야무의 이야기는 너무 불공평하게 들렸다. 단지 높은 계급으로 태어났다고 해서 그 모든 혜택을 누리다니! 일하지 않고도 배불리 먹고, 손대지 않고도 다른 이들의 것을 가로채다니!

이번엔 캔이 질문했다.

"그럼 야무 넌 커서 합수스처럼 기술자가 되는 거야?"

"보통은 그렇지만, 글을 읽을 줄 알면 서기관이 될 수도 있어요. 서기관은 돈도 많이 벌어요. 농사짓거나 기술 배우는 것처럼 힘들지도 않고요."

"그런데…… 농사가 뭐지?"

콰과광! 야무 말에 탐사대가 충격받은 것처럼, 야무 역시 탐사대가 질문을 할 때마다 충격의 연속이었다. 이들은 대체 어디에서 온 사람들인데 계급도 모르고, 농사도 모른단 말인가? 이 괴짜 손님들, 이상하다고는 생각했지만 아무리 그래도 이 정도일 줄은 몰랐다.

야무는 창밖을 가리켰다.

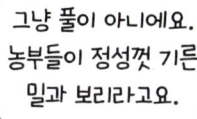
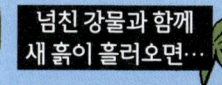

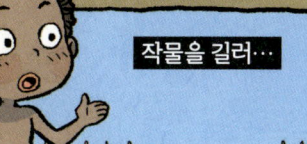

"이상한 질문은 그만하고 한입 먹어 봐요."

야무가 빵 한 덩이를 뚝 잘라서 쿠슬미 입에 쏙 넣어 주었다. 처음 입에 넣었을 때는 조금 퍽퍽했지만, 씹을수록 고소하고 계속 당기는 매력이 있었다.

"잼을 발라 먹는 것도 별미예요."

야무가 빵 가운데를 가르고 끈적한 것을 발라 캔 입에 밀어 넣었다. 고소함과 달콤함이 어우러진 환상적인 맛이었다.

"으아아, 이런 맛은 생전 처음이야!"

굶주렸던 캔과 쿠슬미는 잼을

바른 빵을 정신없이 먹기 시작했다.

"너희 좋겠다. 이 빵을 매일 먹을 수 있으니까!"

"맞아. 식물은 그냥 심어 두기만 하면 알아서 자라잖아. 씨 한 번 심는 걸로 일 년 치 식량을 얻을 수 있다니, 얼마나 편하겠어? 사냥처럼 위험하지도 않고."

그러자 야무가 발끈하며 반박했다.

"편하긴요? 농사가 얼마나 힘든데요!"

그때 작업실에 틀어박혀 있던 합수스가 울상이 되어 나왔다.

"으아아아, 분명히 엄청난 걸 떠올렸는데 막상 책상 앞에 앉으니 손이 나가질 않아. 이제 진짜 시간이 없는데!"

좌절한 삼촌의 모습에 야무도 걱정스러운 표정을 지었다.

"삼촌…… 이제 어떡해?"

탐사대는 별 걱정을 다 한다며 둘을 다독였다.

"에이, 설마 같은 사랑엔스끼리 엄청 심한 짓을 하겠어?"

"맞아. 게다가 동틀 때까진 아직 시간이 있는걸!"

그런데…….

쾅쾅쾅!

바깥에서 연신 문을 거칠게 두드렸다. 문이 거의 부서질 것처럼 흔들거렸다.

"설마 모르붑이 벌써 온 거야?"

탐사대가 창문으로 빼꼼 고개를 내밀어 보니, 문 앞에 있는 것은 험상궂은 사랑엔스 병사들이었다. 탐사대를 동물 우리에 가두고, 골목에서도 끈질기게 쫓아다녔던 바로 그 지긋지긋한 녀석들!

"헉! 합수스가 아니라 우리를 잡으러 왔나 봐!"

"따돌렸다고 생각했는데, 여긴 어떻게 알고 온 걸까? 설마 우리를 미행했나?"

탐사대가 우왕좌왕하자 합수스가 말했다.

"걱정 말게. 그런 거라면 내가 돌려보내지. 야무! 넌 쿠슬미와 캔세티를 데리고 벽장에 숨어 있거라. 무슨 일이 있어도 나오지 말고!"

합수스의 말에 야무는 불안한 눈빛을 거두고, 씩씩하게 고개를 끄덕였다.

야무가 탐사대를 데리고 벽장으로 가 숨었다. 합수스는 야무와 쿠슬미, 캔세티가 모두 안전하게 몸을 숨긴 것을 확인하고서야 문을 열었다.

"누구십니까?"

문이 열리자마자 병사들이 거칠게 집 안으로 들이닥쳤다. 그리고 뭐라 따지거나 설명할 새도 없이 합수스를 거칠게 붙들었다.

"합수스, 모르붑 님의 명령으로 너를 체포한다!"

합수스는 순식간에 꽁꽁 묶인 채 무릎이 꿇렸다.

"체포라뇨? 수로 때문이라면 아직 기한이 남았는데요!"

합수스가 어안이 벙벙한 표정으로 물었다.

뒤쪽에 한 발짝 떨어져 이를 묵묵히 지켜보는 이가 있었다. 얼굴을 가린 그자가 말 대신 무언가를 적어 병사에게 전했다. 병사가 그것을 읽어 내렸다.

"합수스, 수로를 고치라는 명령을 잊지 않았지?"

"물론입죠!"

"자비로운 모르붑 님께서 네가 명령을 잘 이행할 수 있도록 기존 수로의 설계도를 빌려주셨지?"

"맞습니다!"

병사의 눈빛이 한순간에 매섭게 변했다.

"그런데 기존 설계도가 그려진 파피루스는 어디에 뒀나? 모르붑 님의 물건을 함부로 다루면 어떻게 되는지 모르나?"

합수스의 말문이 턱 막혔다.

"그, 그건……."

병사가 쓱 손짓했다. 합수스를 데리고 가라는 신호였다. 병사들이 합수스를 이끌자 합수스는 몸을 흔들며 저항했다.

"아, 안 됩니다! 제가 없으면 누가 수로를 고친단 말입니까? 조금만 더 하면 새 설계도가 완성되니, 잠시 기다려 주십시오! 제발 부탁입니다!"

병사가 콧방귀를 뀌었다.

"수로는 걱정할 필요 없다. 이제부터 수로 공사는 네가 아니라 서기관님이 직접 맡으실 거니까!"

병사가 망토로 얼굴을 가린 자를 가리켰다.

숨어서 이 광경을 지켜보던 탐사대는 이상한 느낌이 들었다. 얼굴이 가려진 그자의 눈빛이 낯설지 않았다.

그 순간, 야무가 참지 못하고 병사들 앞으로 튀어 나갔다.

"저 녀석이!"

병사들이 야무에게 달려들었다. 야무는 요리조리 잘 도망다녔지만, 더 이상 던질 만한 게 남지 않게 되자 결국 병사들에게 붙잡히고 말았다.

병사들의 힘에 완벽히 제압된 야무가 버둥거리는 걸 지켜보던 서기관이 다시 한번 쪽지를 적어 병사들에게 전했다. 하지만 명령을 본 병사들은 어리둥절한 반응을 보였다.

병사들이 머뭇거리며 말했다.

"꼬마를 합수스 대신 잡아가라고요? 모르붑 님은 합수스만 잡아 오라고 하신걸요. 이 녀석은 적당히 겁만 줘도 될 것 같은데……."

서기관이 도끼눈을 하고 병사를 노려보자, 어쩔 수 없이 병사들은 야무를 밧줄로 묶었다.

서기관은 또 글자를 적어 병사에게 읽도록 했다.

"합수스! 너 대신 네 조카를 잡아가겠다. 이것은 네가 모르붑 님의 물건과 명령을 소중히 여기지 않았기 때문에 내리는 벌이다!"

그리고 그들은 아무런 죄도 없는 야무를 데리고 휑 사라져 버렸다.

숨어 있던 탐사대가 밖으로 나오니 집 안은 격렬한 싸움의 흔적으로 완전히 엉망진창이 되어 있었고, 합수스는 기진맥진한 채 눈물만 흘리고 있었다.

캔세티가 가슴을 치며 성을 냈다.

"어떻게 저럴 수가 있어? 아무리 명령이라도 남의 가족을 마음대로 잡아가도 되는 거야?!"

"내 말이! 우주의 평화는 잊고, 쟤들을 혼쭐내 주러 가자!"

그러나 쿠슬미는 우물쭈물거렸다.

"그렇지만 쟤가 쿠인지 확실하지 않은 상태에서 개입하면 안 되는데……. 지구 역사가 틀어지면…….."

"그럼 야무가 그냥 잡혀가게 두자고?"

"그건 아니지만……."

그때, 오라클이 삐빅 소리를 내며 환하게 빛났다.

5화

특명!
야무를 구출하라

"자, 자, 자네들, 대체 저, 정체가 뭐지? 처음에 그 신기한 지도도 그렇고, 저 네모난 물건도, 또 생긴 것도 이상해! 무슨 주술을 쓴 건가?"

합수스는 눈앞에서 한 명이 두 명으로 분리되는 믿을 수 없는 일이 일어나자 혼란스러운 얼굴이었다. 얼마나 놀랐는지, 말하는 법을 잊은 것처럼 더듬거렸다.

쿠슬미가 단호하게 합수스 말을 딱 끊었다.

"쉿, 자세한 설명은 나중에! 지금은 우리가 네 편이라는 것만 알면 돼. 야무를 구하는 게 우리 정체보다 더 중요하잖아. 안 그래?"

그제야 합수스도 정신을 가다듬었다.

"그 말이 맞아. 자네들의 정체가 뭐든 우리 야무만 찾아 준다면 상관없지. 제발 야무를 구해 주게……."

합수스가 눈가에 유리구슬 같은 눈물을 그렁그렁 매달고 탐사대를 바라보았다. 그 눈빛을 보고 있으니 탐사대 가슴이 찡해졌다.

"당연하지! 아까 그 녀석들이 야무를 어디로 데리고 갔을지 짐작되는 곳이 있어?"

합수스가 곰곰이 생각해 보더니 말했다.

"모르붑의 집일 걸세. 그곳에 죄수들을 가두는 감옥이 있다고 했거든. 내가 안내하지."

꼬불꼬불한 골목길을 헤매던 끝에 마주한 모르붐의 집은 탐사대가 지구에 와서 본 어느 집보다 웅장하고 화려했다. 아니, 전성기 아우레의 건물에 견줄 정도로 멋졌다.

 네모반듯한 벽돌을 층층이 쌓아서 완성한 담벼락과 건물 외벽에는 사랑엔스들의 다양한 모습이 조각되어 있었다. 거대한 대문은 그 어떤 침입자도 허용하지 않겠다는 듯 위엄을 뽐냈다. 문 앞은 사랑엔스 병사 여럿이 철통처럼 지키고 있었다. 그중 일부는 계속해서 집 둘레를 순찰하며 침입자가 없는지 확인했다.

 "어마어마하다······."
 "저길 어떻게 들어가지?"

탐사대와 합수스는 발소리를 죽이고 뒤쪽으로 빙 돌아갔다. 다행히 경비병은 없었다.

"저 담을 넘어야 하는데……. 너무 높아."

"내가 먼저 갈게!"

쿠슬미가 선두로 높은 담장 앞에 섰다. 촉수를 쭈우욱 늘이자 담장 끝에 닿았다. 쿠슬미는 순식간에 담장 위로 올라갔다. 합수스와 라세티도 쿠슬미 덕분에 수월하게 담장을 넘을 수 있었다.

마당에 들어선 일행은 놀라움을 금치 못했다. 모르붑의 집은 겉에서 봤을 때보다 훨씬 넓었다. 게다가 건물도 여러 개라, 그중 어디에 야무가 있을지 짐작도 할 수 없었다.

"후후, 이럴 땐 방법이 있지!"

쿠슬미가 오라클을 꺼내 들었다.

"그걸로 뭘 하려고?"

"오라클은 쿠, 아니 야무와 가까워지면 신호가 오잖아. 오라클을 들고 돌아다니다 보면 야무가 있는 건물 근처에서 오라클이 신호를 주지 않겠어?"

멋진 생각이었다. 일행은 들키지 않도록 살금살금 마당을 돌아다니며 오라클의 반응을 살폈다. 여러 건물들을 지나고 마지막 건물 앞에 다다랐을 때, 오라클이 약하게 진동했다.

"여기다!"

"쿠, 아니 야무! 우리가 꺼내 줄게."

하지만 창문에 쇠창살이 너무 단단히 박혀 있어서 라세티의 힘으로도 뜯어지지 않았다. 쿠슬미와 캔, 합수스까지 힘을 합쳐도 꿈쩍도 안 했다.

캔이 바닥에 내려앉으며 한숨을 푹 쉬었다.

"이럴 줄 알았으면 우주건을 가져올걸. 그것만 있으면 이런 창살쯤은 단번에 녹여 버릴 수 있는데."

그 말에 라세티가 캔을 빤히 바라보았다.

"왜 그래?"

"그거야! 캔, 네 따꼼레이저가 있잖아!"

캔은 펄쩍 뛰었다.

"무슨 소리야! 따꼼레이저로는 무리라고! 저렇게 굵은 쇠창살을 녹이려면 백만 년은 걸려!"

"아무것도 안 하는 것보단 낫잖아. 여기까지 와서 포기할 셈이야?"

쿠슬미도 거들었다.

"따꼼레이저를 많이 쓰면 나도 방전되는데……."

캔이 여전히 우물쭈물 망설이자, 합수스가 옆에서 애처로운 눈빛을 보냈다. 캔의 가슴이 콕콕콕콕 찔리도록.

"에잇! 알겠어. 해 볼게!"

"거기, 동작 그만!"

아뿔싸! 쇠창살 녹이는 데 정신이 팔린 나머지, 병사들이 다가오는 것도 모르고 있었다. 사랑엔스 병사들은 어느새 뾰족한 창끝을 들이대며 탐사대와 합수스를 둘러쌌다.

그중 한 병사가 합수스와 탐사대를 알아봤다.

"합수스잖아? 너희, 여기는 어떻게 들어왔지? 아니, 얘들은 전에 도망친 이상한 동물들 아니야?"

사랑엔스 변장을 풀고 있던 아우린들은 사랑엔스들에게 본모습을 들키고 말았다. 결국 애꿎은 합수스가 오해를 사게 되었다.

"합수스! 네가 모르붑 님의 가축들을 훔쳤던 거구나! 네 녀석, 모르붑 님의 물건을 잃어버린 것도 모자라, 도둑질에 무단 침입까지? 어서 저 녀석을 잡아라!"

병사들이 일제히 합수스를 향해 와락 달려들려던 그 순간!

"모두 멈춰!"

목소리가 쩌렁쩌렁 울렸다. 곧 건물 모퉁이에서 누군가가 걸어 나왔다.

달빛을 등지고 선 그는 합수스를 해고하게 하고 야무를 잡아갔던, 얼굴을 알 수 없는 서기관이었다. 지금껏 문자로만 소통하던 서기관이 처음 큰 목소리로 명령을 내렸다.

<몽스터즈 손오공을 소개합니다>

나는 세계 최강 원숭이다!

특징 1
머리 위에 반짝이는 금고아 착용

특징 2
언제 어디서든 부르면 날아오는 근두운 보유

우리는 몽스터즈

30초로 보는 몽스터즈

병사들을 이끌고 다니던 모르붑의 오른팔, 모르붑이 새로 임명한 서기관은 바로 말더였다!

탐사대는 난데없이 나타난 말더 모습에 입이 떡 벌어지고 말았다.

"말더! 네가 왜 여기에 있어? 병사들한테 쫓기다가 아우리온으로 피한 거 아니었어?"

"그 기분 나쁜 복장은 뭐냐? 그사이에 악당 모르붑을 받들기로 작정한 거야?"

"이 녀석, 착해진 줄 알았는데 또 나쁜 놈이 됐네!"

라세티와 캔, 쿠슬미의 연이은 공격에 말더가 발끈했다.

"야! 말 조심해! 이게 다 내 계획의 일부라고!"

"계획이라니? 무슨 계획?"

말더의 이야기는 이랬다.

탐사대가 골목길에서 추격전을 벌이던 때, 말더는 동료들을 위해 일부러 헤어지는 길을 택했다. 병사들의 시선을 자기에게 돌려 한참을 술래잡기한 후 간신히 따돌렸다.

"헥, 헥…… 심장이 터질 것 같네……. 아차, 아까 그 물건은 뭐지?"

말더는 외딴 골목에서 숨을 고르며, 뒤늦게 자신이 밟고 넘어졌던 물건을 품속에서 꺼냈다.

낡은 두루마리에는 두 가지 그림이 그려져 있었다.

한때 키벨레의 수석 연구원이던 말더는 그중 하나가 설계도라는 것을 단박에 알아볼 수 있었다.

"이건 강물을 끌어올 때 쓰는 수로로군. 두 발 생명체치곤 꽤 잘 만들었어. 손볼 데가 한두 군데가 아니지만 말이야."

말더는 바닥에 버려져 있던 숯을 집어 거침없이 설계도를 고쳐 나갔다.

"여긴 이렇게 하고…… 저긴 하중이 두 배가 되니까……."

어느새 사랑엔스의 창의력에 아우레의 기술력이 더해진 완벽한 수로 설계도가 완성되었다.

그런데 다른 한쪽은 무슨 그림인지 전혀 알 수 없었다. 사랑엔스를 닮은 그림, 새 그림, 깃털 그림, 풀 그림에 꼬불꼬불 벌레 같은 선까지 있었다. 왜 이런 그림을 수로 설계도와 함께 그려 둔 것인지 이해되지 않았다.

말더는 두루마리를 감아 품에 넣고, 다시 골목으로 나섰다.

북적북적한 사랑엔스들 사이를 최대한 눈에 띄지 않게 지나치던 말더 눈에 벽보 하나가 들어왔다. 벽보에는 두루마리에 있는 것과 비슷한 그림이 그려져 있었다.

'이건…… 설마 아까 그 그림이 이들의 문자인 건가?'

동시에 말더의 비상한 머리가 핑핑 돌며 퍼즐이 맞춰졌다.

모처럼 머리를 쓰니 말더는 키벨레에 있던 시절 똑똑했던 연구원으로 돌아간 느낌이었다.

"내 머리는 아직 녹슬지 않았어! 으하하!"

정체를 숨기느라 내내 숨죽이고 다니던 말더가 오랜만에 통쾌한 웃음소리를 냈다.

그 순간, 말더 뒤로 그림자가 드리웠다. 고개를 돌려 보지 않아도 으스스한 기운이 느껴졌다. 말더가 조심조심 게걸음으로 자리를 벗어나려 했지만, 결국엔 자신을 쫓던 병사들의 손에 붙들리고 말았다.

말더가 끌려간 곳은 웅장한 성채 같은 곳이었다. 사랑엔스 무리들 사이로 기세등등해 보이는 존재가 있었다.

사랑엔스 부하와 우두머리는 무어라 한참 이야기를 주고받았다. 곧 우두머리 사랑엔스가 섬찟한 표정을 지으며 손가락으로 목을 긋는 시늉을 했다. 오라클이 없는 말더는 그들의 말을 한마디도 알아들을 수 없었지만, 적어도 그 손짓이 절대 좋은 뜻은 아니라는 것만은 느껴졌다.

병사들이 말더 양팔을 붙잡은 순간, 말더 머릿속에 한 장면이 스쳐 갔다. 말더가 다급하게 소리쳤다.

"잠깐, 잠깐! 당신, 수로가 망가져서 고생하고 있지? 봐, 내가 완벽한 수로 설계도를 가지고 왔다고!"

그러나 사랑엔스가 그 말을 알아들을 리 만무했다.

말더는 억지로 끌고 가려는 병사들의 손을 뿌리치고, 흙바닥에 무언가 적어 내렸다. 아까 해독해 낸 사랑엔스들의 그림 문자였다.

나에게 완벽한 수로 설계도가 있습니다!

삐뚤빼뚤한 글씨를 본 우두머리 사랑엔스가 병사들을 멈춰 세웠다.

말더는 이때다 싶어 얼른 품에서 두루마리를 꺼내 보였다. 그리고 바닥에 글씨를 더 적었다.

내게 공사를 맡겨 주십시오! 한 달, 아니 열을 안에 절대로 무너지지 않는 수로를 만들어 드리지요!

말더는 그렇게 합수스 대신 수로 공사 책임자 자리를 따냈다고 설명했다. 비록 말은 통하지 않았지만, 사랑엔스들의 문자를 알고 있으니 일을 하는 데 큰 지장은 없었다. 무엇보다 사랑엔스들의 지도자 모르붑은 일을 잘하고 총명한 데다가 말대꾸도 하지 않는 말더를 매우 마음에 들어 했다. 말더의 지위는 순식간에 공사 책임자에서 서기관까지 올라갔다. 이제 모르붑의 부하들 중 말더에게 반항할 수 있는 자는 한 명도 없었다.

쿠슬미와 라세티는 말더의 이야기를 전부 듣고 입이 떡 벌어졌다. 두 아우린은 말더의 빛나는 기지와 놀라운 습득력을 입이 마르도록 칭찬했다.

"우아, 그런 일이 있었다고? 어떻게 그 순간에 그렇게 대처할 생각을 했어? 말더, 너 정말 대단하다!"

"정말! 나라면 그때 아무것도 못 하고 벌써 감옥에 잡혀 들어갔을 텐데! 게다가 저 그림 같은 글자까지 깨쳤다는 거야?"

그러나 캔만은 여전히 의심을 거두지 않았다.

"잠깐, 네 말이 다 사실이라고 쳐. 그럼 아까 합수스의 집에서는 왜 행패를 부린 거야? 나쁜 마음을 먹었던 거 아냐? 네가 진짜 착한 녀석이라면 왜 굳이 죄 없는 합수스랑 야무를 괴롭힌 거지?"

말더의 대답은 충격적이었다.

6화

모르붑의 무시무시한 판결

모르붑의 신임을 얻은 말더는 본격적으로 오라클과 쿠를 찾기 시작했다.
　가장 먼저 시장 답사에 나섰다. 시장은 많은 사랑엔스들이 모이는 곳이니, 쿠든 오라클이든 목격할 가능성이 크다고 생각해서였다. 모르붑에게는 수로 공사 전 현장 조사를 간다고 둘러댔다.
　시장은 아주 붐볐다. 가판대엔 달콤한 과일과 신선한 생선, 고소한 냄새가 솔솔 풍기는 빵이 즐비했다.

그때였다. 사랑엔스들 사이를 요리조리 뛰어다니는 평범한 작은 꼬마가 말더 눈에 들어왔다.

말더는 놀라서 한동안 움직이지 못했다. 한눈에 그게 쿠라는 것을 알아보았으니까. 어느 날 갑자기 아우레에 찾아온 불청객, 빠다 관장에게 미움을 사게 만들어서 자신을 키벨레에서 쫓아낸 장본인, 그것도 모자라 사악한 음모를 꾸며 아우레를 멸망으로 이끈 재앙의 근원을 어떻게 잊으랴!

'쿠다! 쿠가 정말 이곳에 있었어!'

황급히 뒤쫓았지만, 쿠는 어느새 인파에 파묻혀 보이지 않았다.

말더는 품에서 모르붑이 넉넉히 챙겨 준 파피루스를 꺼냈다. 그리고 쿠의 인상착의를 문자로 휘갈겨 써서 옆에 있던 상인에게 보여 주었다.

방금 지나간 곱슬머리 꼬마, 어디로 갔지?

상인은 고개를 갸웃거리기만 할 뿐, 아무런 말도 해 주지 않았다. 길을 가는 다른 사랑엔스들도 마찬가지였다. 파피루스를 내밀어 보여 주어도 무심히 지나칠 뿐이었다.

'이 녀석들은 문자를 모르나?'

이대로 쿠를 놓치면 언제 다시 찾을 수 있을지 모른다는 생각에 말더의 속은 새카맣게 타들어 갔다.

그때, 사랑엔스 병사들이 뒤늦게 말더를 쫓아왔다.

'매일 동네를 순찰하는 녀석들이니 어쩌면 알지도 몰라.'

말더는 혹시나 하는 마음으로 숨을 고르고 있는 병사들에게 쿠를 묘사한 파피루스를 건넸다. 병사 하나가 그걸 유심히 보더니 한 문장을 적었다.

혹시 합수스의 조카인 야무를 찾으십니까?

'야무? 쿠의 지구 이름이 야무인 건가? 확인해 봐야겠군.'

그렇게 말더가 합수스의 집으로 들이닥친 것이었다.

"내 설명은 여기까지야. 이제 쿠를 데리고 아우리온으로 가자. 곧 모르붑의 경비대가 돌아올 시간이야."

그런데 이번엔 합수스가 탐사대를 가로막았다.

"잠깐, 도와준 건 고맙지만 아까부터 우리 야무를 어디로 데려간다는 건가? 자네들, 속셈이 뭐지?"

탐사대는 난감했다.

"아, 그러고 보니 합수스에게 설명을 못 했네……. 합수스, 이게 어떻게 된 거냐면……."

라세티가 합수스에게 사정을 설명하려고 할 때였다. 갑자기 병사들이 우르르 몰려와 일행을 포위했다.

"뭐냐, 너희들! 뒤처리는 내가 한다고 했을 텐데? 썩 사라지지 못해?!"

말더가 병사들에게 소리쳤지만, 병사들은 눈 하나 깜짝하지 않았다. 대신 병사들의 어깨 너머에서 목소리가 들렸다.

"감히 누구한테 명령하는 건가, 서기관! 어쩐지 수상하다고 생각했지. 내가 처음 보는 외지인을 온전히 믿을 정도로 순진한 줄 알았던 거냐? 이런 배신자 같으니라고! 여봐라, 저자들을 모두 묶어라!"

모르붑이었다. 사랑엔스 병사들이 명령에 따라 탐사대와 합수스, 야무를 무릎 꿇렸다. 병사들의 일사불란한 일 처리에 저항 한 번 할 수 없었다.

"나를 우습게 알다니!"

일행을 내려다보는 모르붑의 눈이 분노로 이글이글 타올랐다.

"그리고!"

화가 난 모르붑이 마지막으로 라세티와 캔, 쿠슬미 쪽을 홱 돌아보았다.

"이 정체를 알 수 없는 가축들! 내 우리에서 탈출한 것으로도 모자라서, 우리 집에 몰래 숨어들어 내 백성을 가로채려 해? 너희는 사형보다 더 무서운 벌을 주마."

모르붑은 병사 하나를 시켜 누군가를 불러오라 시켰다. 잠시 후, 사랑엔스 하나가 나타났다.

모르붑이 무서운 미소를 지으며 탐사대에게 말했다.

"코두는 어떤 식재료도 다룰 수 있는 우리 도시 최고의 주방장이지. 코두! 여기 이 녀석들을 전부 요리해 버려!"

무시무시한 판결을 내리고서 자리를 뜨려는 모르붐에게 라세티가 소리쳤다.

"잠깐! 완치를 비는 제사라니? 혹시 딸이 아픈 거야? 그런 거라면 우리가 그 애를 고쳐 줄 수 있어."

모르붐이 몸을 돌렸다. 냉혹한 지도자도 딸 이야기에는 마음이 흔들릴 수밖에 없었다. 그의 목소리가 살짝 떨렸다.

"너희가 내 딸의 병을 낫게 할 수 있다고?"

"그래! 그러니까 우리를 풀어 줘!"

"몇 년 동안 병석에 누워만 있는 내 딸을, 너희가 정말로 고쳐 줄 수 있다는 말이지?"

"그렇다니까! 일단 네 딸을 만나게 해 줘!"

호언장담하는 라세티 모습에 탐사대는 반대로 불안해졌다.

"흠, 좋아. 어차피 제사 음식이 될 놈들이니, 내 딸을 고쳐 주면 너희를 풀어 주지. 단, 못 고치면…… 날 속인 죄까지 더해 더 잔인하게 죽여 주마!"

아우린들은 대책 없는 약속을 한 라세티가 괘씸했지만 다른 방법이 없었다. 일단 사형을 미루고, 그사이에 달아날 기회를 엿보는 것도 나쁘지 않다고 생각했다.

모르붑은 딸의 방으로 탐사대를 안내했다.

야치야치병은 아우레에서는 흔한 병이었다. 쫄딱 젖은 채로 찬 바람을 쐬거나, 영양을 골고루 섭취하지 않거나, 피곤하면 자주 걸렸다. 콧물, 기침, 열이 나지만 하루 이틀 쉬고 나면 금세 낫는 가벼운 병이었다. 이 병에 걸리면 '야치, 야치!' 하고 기침을 해서 붙은 이름이었다.

"아우린들은 가볍게 앓고 지나가는 병이지만, 두 발 생명체에게는 다를지도 몰라."

"콤콤200만 있으면 금세 나을 텐데."

하지만 아우레와 수백만 광년 떨어진 곳에서 콤콤200을 어떻게 구한단 말인가?

모르붐이 기대에 찬 목소리로 물었다.

"어떤가? 내 딸을 고칠 수 있겠나?"

만약에 여기서 못 고치겠다고 대답한다면……. 아우린들은 꼼짝없이 따끈따끈한 요리가 될 운명이었다.

탐사대는 다급하게 작전 회의를 시작했다.

"어쩌지? 거짓말이라도 할까?"

"뭐라고 둘러대지?"

"아무거나 주고, 효과는 며칠 있어야 나타난다고 하면 되지. 그사이에 우리는 도망가면 되잖아."

"효과가 나타날 때까지 우리를 가둬 두겠다고 하면?"

"그건……."

아무리 머리를 굴려 봐도, 좋은 방법이 떠오르지 않았다.

그동안 모르붑의 표정은 점점 굳어 가고 있었다.

"왜 그러지? 설마 이제 와서 못 고치겠다고 하는 건 아니겠지?"

꿀꺽. 써늘한 긴장감이 아우린들의 등줄기를 스치고 갔다. 삐질삐질 식은땀이 흐르기 시작했다.

"역시 못 고치는 거야. 여봐라, 저것들을 당장……!"

"잠깐!"

캔이 다급하게 몸을 탈탈 털었다. 그러자 캔 몸속에 있던 온갖 잡동사니들이 바닥에 쏟아졌다.

　콤콤200은 지구 생명체에게도 효과 만점이었다. 약효가 돌자 모르붑의 딸은 언제 아팠냐는 듯 해맑은 얼굴로 방긋방긋 웃음을 지었다.

　모르붑은 기쁨의 눈물을 흘렸다. 딸을 구해 준 캔의 손을 잡고 마구 흔들었다.

　"고맙다, 정말 고맙다."

　모르붑의 감사 인사는 오래도록 그칠 줄을 몰랐다.

에필로그

드디어 나타난 풍야쿵의 우주선

다시, 아우리온 앞.

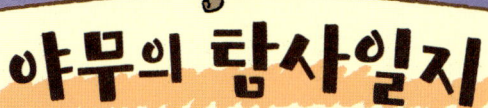

야무의 탐사일지

맙소사, 이게 믿어져? 캔세티가 사실은 캔과 라세티였고,
얘들이 전부 우주 저 멀리 아우레라는 곳에서 온 거라니!
사실 라세티 말을 하나도 이해하지 못했지만,
탐사대가 엄청난 존재라는 것만은 알겠어!

그런데 이런 대단한 애들이 인간 세상에 관해서는
몰라도 너무 모르는 것 같지?

특별히 이 야무가 직접 인간의 모든 것을 속속들이 알려 줄게.
인간에 관해서는 내가 제일 전문가니까!

나를 만나려고 은하수를 건너, 지구 반 바퀴를 돌아왔대!

©Gettyimagesbank

여기에는 온갖 동물들이 살아. 어떤 애들이냐면….

위험도 보통 ●●○○

탐사대의 물건을 훔치려 했던 건 아마 **나일퍼치**였을 거야.
나일퍼치가 사는 나일강은 세상에서 가장 긴 강인데, 그에 걸맞게 나일퍼치 역시 어마어마한 크기를 자랑해.
다 큰 나일퍼치는 몸길이가 2m에, 몸무게는 200kg까지 나가거든!
워낙 강력한 녀석이라, 고향인 나일강이 아닌 다른 곳에서는 생태계를 어지럽히는 골칫덩어리로 변하기도 하니 조심해야 해.

위험도 높음 ●●●○

여우 같기도 하고 늑대 같기도 한 이 동물의 이름은 **이집트늑대**야. 한때는 '자칼'이라는 동물의 한 종류로 여겨졌지만, 나중에 자칼과는 별개의 동물이라는 게 밝혀졌지.
이집트늑대는 내가 사는 이곳에서 특히 유명한 동물이기도 해.
우리가 믿는 신화에 등장하는 죽음의 신 '아누비스'가 이집트늑대를 꼭 닮았거든.
아누비스는 죽은 이의 심장 무게로 그 사람의 죄를 가늠하는데, 죄를 많이 지어서 심장이 무거운 사람은 무시무시한 괴수의 먹잇감이 된대! 정말 오싹하지?

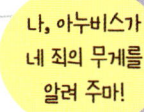

나, 아누비스가 네 죄의 무게를 알려 주마!

위험도 매우 높음 ●●●●○

이집트코브라는 이 일대에서 가장 무서운 동물 중 하나야. 밤의 어둠을 틈타 접근해서 날카로운 송곳니로 콱! 깨물어 버리는데, 녀석의 입속에서 나오는 독은 순식간에 죽음에 이르게 할 만큼 무시무시해. 으스스하지? 의외로 낮에는 일광욕을 좋아하는 반전 매력도 가지고 있다는 사실!

위험도 매우 높음 ●●●●○

사막에서 조심해야 할 건 코브라뿐만이 아니야. **전갈** 역시 반드시 피해야 할 존재라고. 애걔, 겨우 손바닥만 한 전갈이 뭐가 무섭냐고? 전갈 꼬리 끝의 날카로운 침에 찔리면 생각이 달라질걸? 전갈 꼬리에선 단번에 몸을 마비시키고 죽음으로까지 몰고 갈 수 있는 무시무시한 독이 나오거든. 특히 전갈은 몸집이 작을수록 맹독성인 경우가 많으니, 절대로 얕봐선 안 돼!

독침 맛 좀 볼래?!

위험도 낮음 ●○○○○

그렇지만 코브라도 전갈도 걱정하지 마! 용맹한 **고양이**가 몽땅 잡아 줄 테니까. 게다가 몰래 곡식을 훔쳐 먹는 쥐도 해결해 주지. 우리에게 고양이는 더할 나위 없이 소중한 친구야. 귀여운 고양이를 함부로 괴롭히는 녀석은 사형까지 각오해야 한다고!

내가 지켜 주겠다옹~.

호모 사피엔스

in 야무의 고향

만난 시기: 5천 년 전   뇌 용적: 약 1,450cc

탐사대는 여러 시간을 여행하면서 다양한 인간들을 만났대.
돌멩이로 동물 뼈를 부숴 먹는 털북숭이 인간도 있었다는데?
하지만 이렇게 놀라운 문명을 이룬 것은 우리가 처음이라고 했어.
문명을 이루었다는 건 '기술, 사회, 문화 등을 발전시켰다'는 뜻이래.
말더가 지구 문명의 특징을 몇 가지 분석해 주었는데, 너희도 한번 들어 봐!

문명의 특징 ❶
강 주변에 위치

가장 먼저, 지구의 문명은 주로 **큰 강을 중심으로 발달**한대.
그 이유는 정말 간단해. 우리가 살아가는 덴 물이 꼭 필요하잖아.
게다가 강 주변은 식물도 더 잘 자라고 동물도 모여드니 식량을 구하기에도 좋지.
내 고향은 **나일강** 유역이야.
사막 한가운데지만 강 주변만은 풀과 나무로 푸릇푸릇한 게 보이지?
나일강은 척박한 환경에서도 생명을 피워 내는 아주 고마운 강이야.

여기 나일강 있음!
©NASA

나일강 주변의 비옥한 땅은 '케메트(검은 땅)', 사막은 '데슈레트(붉은 땅)'라고 해.

사실 나일강의 진짜 특별한 점은 바로 **일정한 주기로 범람**한다는 거야.

나일강은 물살이 거센 '청나일'과 잔잔한 '백나일'이 만나 만들어지는데, 청나일이 흐르는 곳에서는 매년 5월경이 되면 폭우가 쏟아져 홍수가 나.

그때 넘쳐흐른 물이 내가 사는 나일강 하류에 영양 가득한 흙을 가져다주면 우리는 비옥한 흙 위에 농사를 짓는 거지.
나일강이 매번 땅에 쌓인 나쁜 물질들은 씻어 주고 좋은 흙을 선물해 주는 덕분에, 이곳은 농사짓기에 최고로 좋은 환경이 되었단 이야기!
우리의 멋진 문명은 나일강이 없었다면 불가능했을 거야!

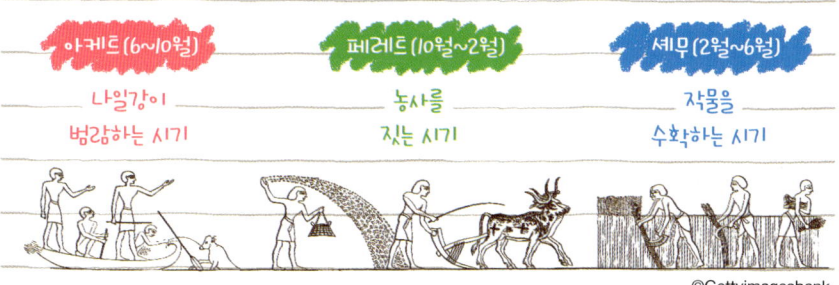

©Gettyimagesbank

> 문명의 특징 ❷
농경 중심 사회

옛날 사람들은 마음껏 야생 동물을 사냥하고 숲속의 식물을 채집했다면서?
이제 그 모습은 잊어! 지금 우리는 **농업 사회**로 들어섰거든.

빙하기가 끝나고 지구에 다시 따뜻한 **간빙기**가 찾아왔어.
날이 풀리니 식물들도 잘 자라기 시작했고, 그때부터 사람들은 농사를 짓게 됐지.
(농사를 처음으로 지은 건 누구였을까? 그건 아무도 알 수 없어!)

농사를 시작하면서 식량을 찾아 이리저리 떠돌아다닐 필요가 없어졌어.
한곳에 있어도 먹을 걸 구하는 데 문제가 없었거든. **정착 생활**이 시작된 거야.

또 한 가지 변화는 동물을 바로 잡아먹는 대신 **가축**으로 길들이기 시작했다는 사실!
그렇게 하면 동물의 고기뿐만 아니라 털, 젖, 노동력까지 활용할 수 있거든.
밭을 갈 때 힘센 소의 도움을 받고, 먼 길을 갈 때는 낙타를 타고, 양털을 깎아 옷감을 만드는 것처럼 말이야.

동물과 사람이 함께한 시간

개	돼지/양/염소/소	고양이	말	낙타	닭
약 4만 년	약 1만 1천 년	약 9천5백 년	약 5천5백 년	약 3천~4천5백 년	약 4천 년

©Gettyimagesbank

이렇게 수렵 채집에서 농경으로 넘어오게 된 사건을 농업 혁명이라고 불러. 농업 혁명은 우리 삶에 엄청난 변화를 일으켰지만, 그게 꼭 좋은 것만은 아니었어. 농사 때문에 생겨난 문제점들도 있었지.

첫 번째는 영양 부족이야.
식량 걱정이 없는데 웬 영양 부족이냐고?
과거 조상들은 숲속의 버섯, 식물, 곤충 등 다양한
자연물을 통해서 여러 가지 영양소를 골고루
섭취할 수 있었어.

그런데 우리는 먹을 수 있는 게 거의 곡식뿐이거든. 특별한 날이 아니면 고기는 입에도 못 대고 말이야. 농사 덕분에 식량을 충분히 얻게 된 건 맞지만, 오히려 다양한 영양분을 얻을 방법은 사라지고 만 거지. 부실한 영양소 때문에 면역력이 떨어져서 병이 생기기도 하고, 여럿이 모여 사니 전염병이 유행하기도 해.

두 번째는 여러 관절 질병이야!
농사는 보기보다 힘들어. 농작물은 항상
우리의 손길을 필요로 하거든. 잡초도 뽑아
줘야 하지, 물도 뿌려 줘야 하지… 할 일이
산더미라고! 한시도 쉬지 못하고 허리를
구부린 채로 일하는 날도 많아.
인간의 가장 큰 특징은 두 발로 똑바로 서는 거잖아.
꼿꼿이 서 있는 데 알맞은 몸으로 종일 허리를 굽히고
있으려니 병이 날 수밖에!
우리에게 허리 통증은 일상이 돼 버렸어.

농업 혁명은 호미닌들에게 정말 좋은 일이었을까?

문명의 특징 ❸
도시 국가의 형성

농업 때문에 시작된 문제도 있지만,
농업이 문명의 기반을 마련한 건 확실해!
농사 덕분에 **공동체가 크게 발전**했거든.
식량 생산량이 늘면서 자연스럽게 사람의 수도
점점 많아졌어. 필요한 물건이 다양해지니
여러 지역 사이에 활발하게 자원 교류가
일어나기 시작했지. 거대 도시가 하나의
국가 역할을 하게 된 거야.

이곳은 이집트의 옛 수도 '멤피스'야.
지금은 휑해 보여도 3만 명이나 되는
인구를 자랑하는 대도시였어!

문명의 특징 ❹
문자의 발명

여러 사람이 더불어 살기 위해서 꼭 필요한 게 있어. 바로 **문자**야!
문자는 더 효율적으로 정보를 기록하고 의사소통하게 해 주거든.
내가 사는 곳에도 문자가 있어. 새나 사람 모양이 그려진 문자를 본 적 있지?
그게 바로 이집트 상형 문자인 '신성 문자'야. '히에로글리프'라고도 하는데,
'신성하게 새긴 말'이라는 의미를 담고 있어.

나중에는 신성 문자를 쉽게 흘려서 쓰는
'신관 문자'와 '민중 문자'가 만들어진 덕에
더 많은 사람들이 문자를 쓸 수 있게 됐어.

약 3천 년 전의 왕 람세스 9세를 기리는 비석.
위대한 신 '라'에 버금가는 위인이라는 내용이야.

잠깐! 토막 상식
이집트 문자의 비밀을 푼 돌

문자가 탄생한 이후 사람들은 다양한 이야기를 기록으로 남겼어.
오늘 있었던 일같이 소소한 일상부터 장대한 신화까지 말이야.
하지만 시간이 지나면서 고대 문자는 점점 잊혀 갔고, 후손들은 과거의 기록을 대부분 이해하지 못하게 됐어.
이집트의 문자 역시 사람들의 기억 속에서 차츰 사라져 가고 있었지.
그러던 1799년, 나폴레옹의 이집트 원정군이 로제타라는 마을에서 거대한 비석 하나를 발견하며 완전히 판이 뒤집혔어!
'로제타석'이라 이름 붙여진 이 비석을 연구하던 프랑스의 학자 장 프랑수아 샹폴리옹은 여기 새겨진 글이 신성 문자, 민중 문자, 그리스 문자로 같은 내용을 반복해 적은 것임을 깨달았어. 샹폴리옹은 해독이 가능한 그리스 문자를 토대로 신성 문자, 민중 문자 연구를 계속했고, 2년의 끈질긴 노력 끝에 드디어 로제타석을 해독해 내는 데 성공했어!
이 연구는 고대 이집트의 비밀을 파헤치는 결정적인 열쇠가 되었지.

로제타석엔 프톨레마이오스 5세를 찬양하는 내용이 있었죠.

장 프랑수아 샹폴리옹 (1790~1832)

©Ebers, Georg Moritz/Wikimedia Commons
©Wikimedia Commons

잠깐! 도막 놀이
내 이름을 불러 줘!

너희가 나와 같은 고대 이집트인이었다면 너희 이름은 어떻게 적었을까?
신성 문자로 직접 이름을 써 봐!

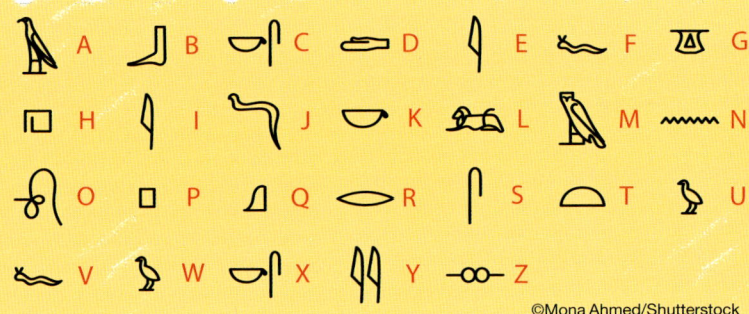

©Mona Ahmed/Shutterstock

1. 한글로 네 이름을 적어.

2. 이름을 알파벳으로 바꿔.

3. 표에서 알파벳에 맞는 신성 문자를 찾아 적으면 끝!

문명의 특징 ⑤
계급과 불평등의 발생

농사로 필요한 것보다 더 많은 식량을 생산하게 되고, 복잡한 규칙을 지닌 문자가 탄생하면서 문명은 정말 많이 발달했어.
하지만 한편으로는 남는 식량을 더 많이 가지는 누군가가 나타나고, 문자를 몰라서 혜택을 받지 못하는 사람들도 생겨났지.
그렇게 **계급**이 발생했어. 농사에 중요한 날씨를 예측하거나 문자를 읽어서 정보를 전할 수 있는 사람 등이 높은 지위에 올랐지.

파라오(왕)
귀족, 사제
서기관, 군인
상인, 기술자
농민
노예

©Gettyimagesbank

여기에도 절대적인 권력을 지닌 왕, 파라오부터 가장 힘없는 노예까지 다양한 계급이 존재해.
더 많이 알고 더 많이 가진 사람이 더 큰 힘을 갖는 것.
우리에게는 이게 당연한 일상인데, 라세티는 불공평하다고 화를 내더라고. 너희는 어떻게 생각해?

누가 감히 내 말을 거역할쏘냐?!

문명의 특징 ❻
기념비적 건축물

도시의 상징이 될 만큼 **웅장한 건축물**이 있다는 것도 문명의 특징 중 하나야.
이집트에서는 '기자의 대피라미드'를 빼놓을 수 없지!

이곳은 쿠푸 왕의 무덤이야.
높이가 무려 140m가 넘는 대피라미드는
10만 명이 넘는 사람들이 27년이나 힘을
보태서 완성됐어.
피라미드에 사용된 230만 개의 벽돌
하나하나가 2.5톤이나 된다는데,
이걸 대체 어떻게 다 옮긴 걸까?

문명의 특징 ❼
청동기의 등장

문명의 마지막 특징은 **청동기**를 사용하기 시작했다는 거야.
덕분에 돌을 깨고, 부수고, 갈아서 사용하던 석기보다
더 정교한 도구를 만들게 됐지.
그렇다고 해서 석기가 아예 쓰이지 않은 건 아니야!
청동기의 원료는 구하기가 아주 힘들어서 아무나
쓸 수 없거든.
왕과 신관들이 사용하는 신성한 제사 도구나
전쟁에 꼭 필요한 무기, 귀족들의 장신구에만
청동을 사용할 수 있어.

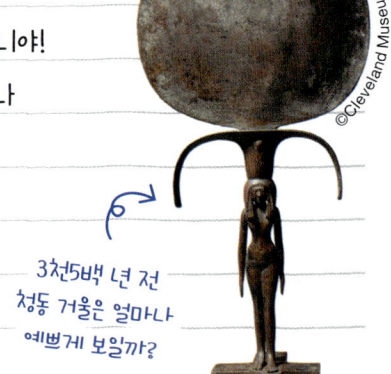

3천5백 년 전
청동 거울은 얼마나
예쁘게 보일까?

고소하고 든든한 한 끼, 발효 빵과 맥주

담백하고 폭신폭신하고 따뜻하고….
빵의 매력은 끝이 없어. 맥주는 또 어떻고?
그 두 가지를 최초로 발명한 것이
바로 우리 이집트 사람들이라는 사실!
빵과 맥주는 돈의 역할을 할 정도로
우리에게 중요한 식량이고,
무려 5천 년의 역사를 지닌
자랑스러운 유산이야.

마지막으로 내 고향 이집트의 자랑스러운 발명품들을 소개할게!

이게 바로 5천 년 전의 빵!

3천 년 전, 맥주를 마시는 이집트인 그림

기록계의 혁명! 파피루스

우리 조상들은 일기 쓰는 시간이 정말 싫었을 것 같아.
벽화를 그리거나 단단한 바위를 조각해야 했을 테니까!
그렇게 하면 기록이 아주 오랜 세월 사라지지 않고 남을 수 있긴 하지만,
많은 양을 보관하기 힘들고 휴대할 수도 없다는 단점이 있지.
그래서 우리는 '파피루스'를 발명했어. 파피루스라는 식물의 줄기 속 연한 부분을
얇게 찢어 가로세로로 겹쳐 말리면 가볍고 질긴 파피루스 완성!
현대까지 남아 있는 파피루스 문서 중에는 4,500년이나 버틴 것도 있다고 하니,
얼마나 견고한지 알겠지?

이집트 대표 식물 파피루스

이걸 이렇게 만들었다고?

이집트 문명만 소개하기는 했지만, 세상 이곳저곳에서 환경에 따라
다양한 문명들이 나타났다 또 사라지고 있어.

그중엔 엄청 유명한 문명도 있을 거고, 아직까지 밝혀지지 않은 문명도 있겠지.
그 수를 다 세려면 아마 밤을 새워도 끝이 안 날 거야.

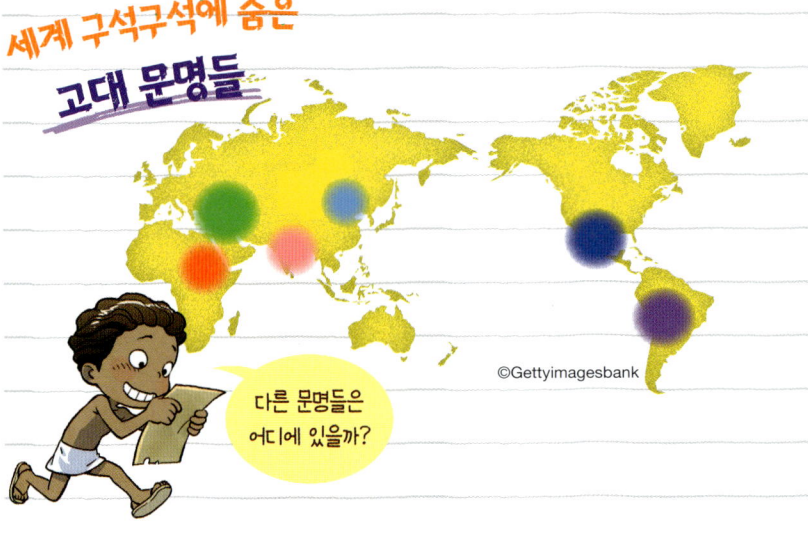

세계 구석구석에 숨은
고대 문명들

다른 문명들은 어디에 있을까?

다른 문명의 사람들은 어떻게 살아가고 있을지 너무 궁금해!
분명히 생김새도, 하는 말도, 먹는 음식도 우리와는 다르겠지?
언젠가 그곳들을 전부 탐험하게 되면 좋겠다!
탐사대의 볼일이 끝나고 나면 지구의 모험가가 되어 볼까?

☆ ☆ ☆

이렇게 내가 사는 지구에 대해 정리해 보니
새삼 내 고향이 얼마나 멋진 곳인지 느껴져.

한편으론 먼 미래의 내가
탐사대의 고향을 망쳤다는 게 미안하네….
물론 나는 기억하지 못하지만.

내가 뭘 해야 하는지는 몰라도
탐사대를 따라가기만 하면 모든 게 잘 해결되겠지?!

그런데… 조금 전까지 눈앞에 있었던 탐사대의 탈것은
대체 어디로 사라진 거람?
우리, 떠날 수는 있는 거지?

머나먼 우주를 향해, 출발…?!

정재승의 인류 탐험 보고서
9 농사로 세상을 바꾼 호모닌

글 차유진 정재승
그림 김현민
감수 백두성
사진 Cleveland Museum of Art, Gettyimagesbank, Metropolitan Museum of Art, NASA, Shutterstock, Wikimedia Commons

1판 1쇄 발행 2024년 7월 24일
1판 2쇄 발행 2025년 11월 20일

펴낸이 김영곤 **펴낸곳** ㈜북이십일 아울북
기획개발 문영 정유나 **프로젝트 4팀** 김미희 이해인 **디자인** 한성미
영업팀 정지은 한충희 남정한 장철용 강경남 황성진 김도연 이민재
제작 이영민 권경민

출판등록 2000년 5월 6일 제406-2003-061호
주소 (10881) 경기도 파주시 회동길 201(문발동)
대표전화 031-955-2100 팩스 031-955-2177
홈페이지 www.book21.com

ⓒ 정재승·김현민·차유진, 2024
이 책을 무단 복사·복제·전재하는 것은 저작권법에 저촉됩니다.

ISBN 978-89-509-9658-1 74400
ISBN 978-89-509-9649-9 74400 (세트)

책값은 뒤표지에 있습니다.
잘못 만들어진 책은 구입하신 서점에서 교환해 드립니다.

- 제조자명: ㈜북이십일
- 주소 및 전화번호: 경기도 파주시 문발동 회동길 201(문발동) / 031-955-2100
- 제조연월: 2025.11.20.
- 제조국명: 대한민국
- 사용연령: 3세 이상 어린이 제품

너와 나, 우리들의 마음을 이해하게 도와줄
첫 번째 뇌과학 이야기
정재승의 인간 탐구 보고서 (1~18권)

❶ 인간은 외모에 집착한다
❷ 인간의 기억력은 형편없다
❸ 인간의 감정은 롤러코스터다
❹ 사춘기 땐 우리 모두 외계인
❺ 인간의 감각은 화려한 착각이다
❻ 성은 우리를 다르게 만든다
❼ 인간은 타고난 거짓말쟁이다
❽ 불안이 온갖 미신을 만든다
❾ 인간의 선택은 엉망진창이다
❿ 공감은 마음을 연결하는 통로
⓫ 인간을 울고 웃게 만드는 스트레스
⓬ 인간은 누구나 더없이 예술적이다
⓭ 인간은 모두 호기심 대마왕
⓮ 인간, 돈의 유혹에 풍덩 빠지다
⓯ 소용돌이치는 사춘기의 뇌
⓰ 사랑은 마음을 휘젓는 요술 지팡이
⓱ 음식, 인간의 마음을 요리하다
⓲ 이야기 공장 뇌, 오늘도 풀가동 중!

인류의 과거와 현재를 이어 줄
아우린들의 시간 여행!
정재승의 인류 탐험 보고서 (1~10권)

완간

❶ 위대한 모험의 시작
❷ 루시를 만나다
❸ 달려라, 호모 에렉투스!
❹ 화산섬의 호모 에렉투스
❺ 용감한 전사 네안데르탈인
❻ 지구 최고의 라이벌
❼ 수군수군 호모 사피엔스
❽ 대륙의 탐험가 호모 사피엔스
❾ 농사로 세상을 바꾼 호미닌
❿ 안녕, 아우레 탐사대!